· FEDERICO DE ROSA

ICH KANN NICHT REDEN.
IHR KÖNNT NICHT SCHWEIGEN

Federico De Rosa

ICH kann nicht reden.
IHR könnt nicht schweigen.

Ich, mein Autismus
und woran ich glaube

VERLAG NEUE STADT
MÜNCHEN · ZÜRICH · WIEN

Titel der italienischen Originalausgabe: Quello che non ho mai detto.
Io, il mio autismo e ciò in cui credo, © Edizioni San Paolo s.r.l., Cinisello
Balsamo (Mailand), 2014

Übertragung aus dem Italienischen: Stefan Liesenfeld

Klimaneutral gedruckt – weil jeder kleine Beitrag zählt.

2015, 1. Auflage
© Alle Rechte bei Verlag Neue Stadt GmbH, München
Umschlagfoto: Stefan Liesenfeld
Umschlaggestaltung und Satz: Neue-Stadt-Grafik
Druck: cpi – Clausen und Bosse, Leck
ISBN 978-3-7346-1056-1

www.neuestadt.com

„Wie schön muss es sein,
sprechen zu können!"

Federico De Rosa

Inhalt

[Anstelle eines Vorworts]

Viele Menschen meinen, reden bedeute zu kommunizieren; der Mensch tue das von Natur aus, er könne es ja und müsse einfach sprechen und zuhören. Dieses Dogma eurer Gesellschaft bringt eine Welt voller Gerede und Geschwätz hervor, in der immer irgendjemand reden muss. Und wenn nur ein Radio oder Fernseher läuft. Keiner hört wirklich zu, alle reden; Stille ist offenbar ein Symbol des Todes, das man flieht wie der Teufel das Weihwasser.

Ich denke anders.

Ich glaube, dass wir Menschen – aus biologischen Gründen – einen starken egozentrischen Zug haben und uns erst einmal auf unsere Grundbedürfnisse konzentrieren, dann auf sekundäre Bedürfnisse und schließlich auch auf die nicht materiellen. Ein egozentrisches menschliches Wesen kann sprechen, wann es will, aber es wird nie wirkliche Beziehungen aufbauen, weil die anderen bloß das Drumherum um sein Ego sind, Elemente, die zu dessen Ausstattung gehören. Man erwartet, durch die Befriedigung seiner Bedürfnisse glücklich zu werden. Die anderen Menschen sind Spiegel des Ichs oder auch Beigaben, vielleicht sogar Mittel zum Zweck.

Glücklicherweise bleiben viele Menschen nicht bei dieser Ausgangslage stehen und beginnen einen Weg, auf dem das Ich seine alleinige zentrale Stelle verliert. Sie fangen an zu verstehen, dass sie nur durch erfüllte Beziehungen in ihrem Leben glücklich werden können. Sie suchen eine Beziehung, auch in den flüchtigen alltäglichen Kontakten, in Nebenbei-Begegnungen, zum Beispiel mit dem Zugbegleiter, mit dem man nur wenige Augenblicke zu tun hat. Es sind Menschen, die nicht groß in Erscheinung treten. Aber sie sind da, vielleicht ganz im Verborgenen. Sie sind so etwas wie „Priester des Miteinander". Miteinander: ein wunderbares Wort ... Sie sind glücklich, die Räume der bloßen Befriedigung ihres Ego zu begrenzen und neue Türen aufzustoßen: Sie haben etwas von dem Glück des „Wir" erfasst.

Was will ich damit sagen? Wenn ihr Egozentriker oder Egoisten seid, dann könnt ihr reden, soviel ihr wollt: Im Grunde produziert ihr nur eine akustische Umweltverschmutzung. Oder meint ihr vielleicht, das Ausbreiten oder gar Aufdrängen eures Ego habe etwas mit echter Kommunikation zu tun?

Wenn ihr aber glaubt, dass die Offenheit für Beziehungen mit jedwedem Menschen euch glücklich machen kann, wenn ihr die vielen Dimensionen des „Wir" ergreift, die das Leben uns anbietet, dann wird das Reden wirkliches Kommunizieren. Zusammen mit dem anderen wächst die Dimension des Miteinander. Wenn das „Wir" ein wenig stärker geworden ist, dann kann man in manchen Momenten auch kommunizieren, *ohne* zu reden, indem man gemeinsam etwas tut und dabei das Gleiche empfindet.

Zu den schönsten Erinnerungen an Augenblicke des Miteinander-Kommunizierens gehören für mich die Bootsausflüge mit meinem Onkel Lucio: Kein Wort. Stille. Lautlos glitt das Boot übers Wasser. Alles war ins warme Sonnenlicht getaucht ...

Das Schweigen lehrt, das Herz des anderen zu hören, seine Gestalt und sein Gesicht wahrzunehmen und darin zu lesen, welche Empfindungen wir miteinander teilen. Es ist – in besonders glücklichen Momenten – möglich, dahin zu kommen, dass man quasi ein einziges Herz ist. Dann ist Reden überflüssig.

Ich denke, dass es in der Welt einen dramatischen Mangel an Schweigen gibt. Dabei bräuchte sie es so sehr. Die Einzelnen wie die Beziehungen brauchen das Schweigen, um zu lernen, die Dinge mit dem Herzen zu spüren. Doch das Schweigen, die Stille werden gebannt und in noch mehr Lärm erstickt.

Ich kann nicht reden. Aber ihr, seid ihr imstande, die Beziehungen auch dadurch zu pflegen, dass ihr mal schweigt?

Federico De Rosa

Ich, heute

Ich heiße Federico. 1993 wurde ich geboren. Während ich diese Zeilen schreibe, bin ich zwanzig Jahre alt; neulich hatte ich Geburtstag. Ich wohne in Rom, zusammen mit meinem Vater Oreste, meiner Mutter Paola und meinen älteren Geschwistern, den Zwillingen Leonardo und Arianna. Wir sind eine normale Familie, nur etwas kinderreicher als der Durchschnitt. Vielleicht sollte ich sagen, wir *wären* eine normale Familie, wenn nicht eine schreckliche und gleichzeitig großartige Sache alles durcheinandergebracht und verändert hätte: mein Autismus.

Ich werde reichlich Zeit haben, darüber zu schreiben, um diese so düstere, oft unverständliche und zum Teil auch beunruhigende Seite menschlichen Lebens vorzustellen. Um eine Ahnung davon zu vermitteln, werde ich ausführlicher auf das Thema Beziehung eingehen müssen. In Beziehung treten, das scheint nichts Besonderes zu sein: Das kann man doch immer!, wird jemand denken, der reden und verstehen kann, was andere sagen und tun und warum sie es tun. Für uns Autisten sind Beziehungen zu anderen Menschen etwas ziemlich Seltenes und Kostbares. Wir leben in einer Beziehungswüste, und jeder Tropfen wirklichen menschlichen Kontakts *ist* etwas Besonderes.

Ihr habt jetzt meine Geschichte in den Händen, die Geschichte eines Jungen, der aufgrund seines Autismus stark gehandicapt ist, der viel durchgemacht und gekämpft hat, der die Hoffnung nicht aufgegeben hat, um an diesen Punkt zu kommen. Ich wünsche mir, dass durch mein Buch auch eine Beziehung, vielleicht sogar eine Art Freundschaft aufgebaut wird. Ja, ich will euch, die ihr mein Buch lest, vorschlagen, dass wir in Beziehung kommen. Ich werde viel von mir erzählen und nur einige wenige von euch persönlich kennenlernen können, aber glaubt mir: Die Beziehung zwischen mir und euch, meinen Leserinnen und Lesern, kann etwas ganz Kostbares sein, wenn wir es wollen.

Einen ersten Aspekt meines Autismus habt ihr vielleicht schon begriffen: Ich bin total unfähig, einfach so ein oberflächliches Gespräch zu führen wie ihr Nicht-Autisten. Für euch ist das oft etwas Entspannendes, manchmal auch ein Schutz, damit euch keiner zu nahe kommt. Wenn ich versuche zu kommunizieren, will ich immer möglichst in die Tiefe gehen. Glaubt mir, das ist kein Getue; ich kann einfach nicht anders, denn sonst finde ich in meinem Kopf keine Wörter.

Ich will euch eine Vorstellung von mir geben, die euch bei der Lektüre begleiten soll. Ich bin ein Meter und fünfundachtzig Zentimeter groß, habe breite Schultern und einen beeindruckenden Brustkorb. Im Gesicht aber habe ich etwas Kindliches bewahrt, was mir erlaubt, sehr groß zu sein, ohne bedrohlich zu erscheinen. Mein Vater hat recht, wenn er sagt, dass ich wie ein riesengroßer Welpe aussehe, wie ein junger, gutmütiger Hund aus einem Comic, der durch einen Zaubertrank zu enormer Größe angewachsen ist, wobei er sein weiches Herz behalten hat.

Als Kind war ich ganz blond, jetzt sind meine Haare kastanienbraun, etwas verwirbelt, also nicht gerade glatt. Ich trage sie gern, sagen wir: halblang, mal mit Seitenscheitel, in anderen Phasen nach hinten gekämmt, mit angedeutetem Mittelscheitel. Meine Augen sind blau, die Nase und der Mund eher klein, und, um mich nicht zu schön zu beschreiben, will ich abschließend erwähnen, dass ich ein kleines Bäuchlein habe; denn ich esse ausgesprochen gerne. Was das gute Essen angeht, unterscheiden sich Autisten und Nicht-Autisten ja nicht: Fast alle lieben es.

Ich wohne in Rom, in einem Viertel, das am äußeren Stadtrand liegt, aber ganz reizend ist. Ich habe das Glück, in einem ziemlich großen Haus zu leben, in dem ich ein Zimmer ganz für mich allein habe. Jetzt sitze ich am Schreibtisch und schreibe euch, links das Bett und zu meiner Rechten der Schrank. Ich schreibe, indem ich nur den Zeigefinger der rechten Hand benütze, ganz langsam also. Besser bekomme ich das nicht hin, aber das langsame Schreiben hat den Vorteil, dass man gut über das, was man schreibt, nachdenken kann.

Letzten Juli bin ich mit der Schule fertig geworden; ich habe das naturwissenschaftliche Gymnasium mit dem Abitur beendet, und jetzt bin ich mit nichts anderem beschäftigt als damit, dieses Buch zu schreiben. Man könnte mich darum beneiden, aber Autist in einer Welt von Nicht-Autisten zu sein, ist nicht gerade ein Zuckerschlecken.

In der Autistenwelt sind die Nicht-Autisten die „Neurotypischen" oder, abgekürzt, die „Typischen", insofern sie den bei Weitem vorherrschenden Hirnfunktionstyp repräsentieren. Wir Autisten sind dagegen eine kleine Minderheit. Deshalb nenne ich ab sofort die Nicht-Autisten die „Neurotypischen".

Zurück zu mir und meiner Ausbildung. Viele Freunde und Bekannte haben mich gefragt, warum ich nicht weitermache und mich an der Universität einschreibe. In der Schule bin ich sehr gut klargekommen; einige Jahre hatte ich einen ganz guten Notendurchschnitt. Viel Spaß haben mir Latein und Chemie gemacht, da hatte ich sogar mal ein „Sehr gut" im Zeugnis. Der Stoff war oft recht leicht zu verstehen, und für mein autistisches Hirn noch leichter zu merken, aber das schulische Umfeld mit seinen organisatorischen, zeitlichen und methodischen Anforderungen habe ich als dramatisch empfunden. Dass ich eine neurotypisch-stolze Schule besucht habe, hat, so glaube ich, mein Leistungsvermögen ganz schön eingeschränkt, auch wenn meine Klassenkameraden und auch einige Lehrer einfach großartig waren.

Die neurotypische Art, den Stoff zu strukturieren, begeistert mich nicht, auch wenn ich froh bin, es bis zum Abi geschafft zu haben; denn ich bin mir bewusst, dass Bildung den geistigen Horizont weitet und einem mehr Möglichkeiten bietet.

Ich habe Percussion-Unterricht, treibe ein bisschen Sport, relaxe mich bei dem einen oder anderen Fernsehfilm und verbringe die Zeit vor allem mit scheinbarem Nichtstun. Den Großteil des Tages bin ich mit meiner Familie zusammen. Ich stelle sie euch kurz vor, und zwar – um es ein wenig origineller zu gestalten – absteigend nach dem Temperament der Einzelnen.

Die „sprudelndste" Person in meiner Familie ist ohne Frage meine Schwester Arianna. Sie ist fast 22, ein hübsches, nettes Mädchen; ich bin richtig stolz auf sie. Sie ist etwas größer als 1,70 m, ist schlank und hat eine gute Figur; ihre langen, kastanienbraunen Haare sind ein bisschen gelockt. Sie hat das „klassische" Gymnasium abgeschlossen und studiert jetzt im dritten Jahr Psychologie. Ich fände es toll, wenn sie nach dem Studium mit uns Autisten arbeiten würde; denn ich denke, dass sie uns eine gute Hilfe sein könnte, aber mir scheint, dass sie lieber Psychotherapeutin werden möchte.

Arianna reicht es nicht, nur zu studieren, weil sie dann auch mal Leerlauf hätte und nachdenken oder ausruhen müsste, und das, glaube ich, sind die einzigen Dinge, vor denen meine Schwester wahnsinnige Angst hat. Neben dem Studium hat sie noch einen Teilzeitjob, hinzu kommen verschiedene Aktivitäten, alle möglichen Besuche, und du weißt nie, zu welcher Tages- oder Nachtzeit sie zu Hause hereinschaut, um einen Boxenstopp einzulegen, zum Beispiel zum Schlafen oder zum Duschen. Sie ist ein liebevoller Mensch, immer bei sich, voll organisiert und nicht zu bremsen: der liebevollste Panzer, den ich kenne ...

Die nächste in der Skala der Lebhaftigkeit ist meine Mutter Paola. Sie war immer schon eine wilde Kämpferin gegen alle Probleme um meinen Autismus: Mit ihrer Entschlusskraft hat sie die Schwierigkeiten systematisch in Stücke zerlegt. Seit 20 Jahren müht sie sich ab und kämpft, um mich zu unterstützen. Sie verlässt das Haus, wenn es noch dunkel ist, und geht zum Arbeiten in die Firma; sie kauft für uns alle ein und findet Zeit, viele leckere Sachen für uns zu kochen, was eine der Ursachen meines Bauchansatzes ist. Alle zu Hause müssen glauben, dass sie 1,65 m groß ist, aber ein paar Messungen würden zeigen, dass sie 1,62 m nicht übertrifft. Wenn ihr mal zu uns nach Hause kommt, sprecht besser nicht darüber. Und wenn ihr darauf angesprochen werdet, lasst bloß keinen Zweifel an dem 1,65-m-Dogma erkennen.

Scherz beiseite; ich habe meine Mutter sehr gern. Sicher, wenn sie etwas weniger stark reagieren würde und etwas gelassener wäre, könnte das nicht schaden. Aber bekanntlich sind wir im Leben immer alle auf dem Weg.

Der nächste in der Reihe ist mein Vater Oreste, der kein Wirbelwind ist, aber doch sehr tatkräftig. Er ist groß und hat volles Haar; er steht morgens ganz früh auf, weil er den Tag nicht ohne Meditation beginnen will, um etwas für sein Inneres zu tun. Dann kleidet er sich wie ein perfekter Manager; er muss durch die ganze Stadt, um dann in die Rolle des Chefs einer Informatikfirma zu schlüpfen. Und weil es ihm nicht reicht, halb Heiliger und halb Manager zu sein, versucht er sich auch noch im frühen Blues auf der Gitarre, spielt ein fünfsaitiges Banjo und hat eine Amateurband, die traditionelle amerikanische Musik macht. Außerdem hat er eine Leidenschaft für Militärstrategie und Computerspiele. Jedenfalls ist er kein traditioneller Papa. Er findet auch noch viel Zeit, mir zu helfen und mich bei Aktivitäten zu unterstützen, die ich allein nicht hinbekäme; da erweist er sich als Top-Organisator und echter Freund. Wenn es die Situation erfordert, kann er sich auf unglaubliche Weise klein machen. Sicher bekäme es ihm gut, wenn er nicht so sensibel wäre und dem Leben ein wenig mehr seinen Lauf ließe; denn es lassen sich nicht alle Probleme lösen, und schon gar nicht sofort. Er aber wird nervös, wenn einem angesichts einer Schwierigkeit nichts anderes übrig bleibt, als abzuwarten und zu hoffen.

Sodann folgt mein Bruder Leonardo. Auf unserer Skala ist er in die Rubrik „absolute Bewegungslosigkeit" einzuordnen. Er ist eine regelrechte Faultier-Mumie, kann viele Stunden völlig reglos am Computer verbringen, ruhiger als ein sich tarnendes Chamäleon. Er wird von Facebook verwaltet wie eine Sub-App. Wenn das soziale Netzwerk auch nur perifer die Kontrolle über ihn gewinnt, frisst es seine komplette Energie; jede Form von Kontaktaufnahme mit ihm wird unmöglich. Im wirklichen Leben ist er ein Kräuterspezialist; wenn er kocht, gibt es ein fürstliches Mahl, einfach unbeschreiblich. Und keiner hat von klein auf so viel mit mir gespielt wie er. Irgendwie haben wir uns verständigt, mit Wörtern einer uns eigenen Sprache, wir haben uns gekitzelt, haben gelacht und Spaß gehabt. Leonardo ist ein verrückter Fußballfan: Wenn seine Mannschaft, AS Rom, trifft, schreit er wie ein Tier; eine Horde Barbaren würde glatt vor Neid erblassen. Mir scheint, es täte ihm gut, wenn er in der Familie nicht so instinktgesteuert agieren würde. Ich glaube an ihn: Mein Bruder Leonardo kommt mir vor wie ein ungeschliffener Diamant; ich sehe ihn schon vor mir, wie er einmal sein wird, wenn das Leben die jugendlichen „Schlacken" von seiner Persönlichkeit entfernt haben wird: Wenn er seiner unendlichen Sensibilität Herr wird, dann wird er eine ganz besondere Ausstrahlung haben; und natürlich wird er Erfolg im Leben haben.

Jetzt zum weiteren Kreis unserer Familie. Da ist Onkel Lucio, ein Mythos, ein fast autistischer Neurotypischer, der ganz wenig redet und wie ich immer wieder mit dem Gefühl der Beklemmung lebt. Sein Ventil ist die Arbeit. Unentwegt nimmt er sein Boot auseinander und baut es wieder zusammen; doch dann einmal einen Tag mit ihm im Boot zu verbringen, ist eine der großartigsten Erfahrungen, die man im Leben machen kann.

Seine Frau, Tante Lia, hat mir viel beim Lernen geholfen. Sie ist praktisch veranlagt, ihre Liebe ist immer konkret, und mit ihrem organisatorischen Talent hat sie jeden Winkel ihres Hauses am Meer, in das ich immer gern kommen kann, gemütlich und schön gestaltet.

Dann gibt es noch Tante Anna, die Sanftmütigkeit in Person, den gestandenen Onkel Bruno, den überaus hageren Onkel Fabrizio und Tante Giulia; nicht zu vergessen die große Schar ungezähmter Cousins und Cousinen. Kurzum, eine nette Bande von geschwätzigen Neurotypischen, mit denen ich in den ersten Jahren meines Lebens kein einziges Wort gewechselt habe. Ich habe versucht, sie liebevoll zu beschreiben, und ich stelle fest, dass es dadurch nach einer Idealfamilie aussehen könnte. In Wahrheit gibt es auch viel Leid und Schmerz – wie ein Same, der in der Erde verborgen fault und stirbt, damit eine schöne Pflanze zum Vorschein kommen kann, vielleicht auch Früchte.

Ich habe auch viele Freunde; was das angeht, haben mir meine Eltern immer sehr geholfen. Mit meinen Klassenkameraden vom Gymnasium habe ich fünf großartige Jahre verbracht. Von ihnen habe ich mich wirklich verstanden und akzeptiert gefühlt, tiefer und spontaner als von den Erwachsenen. Unser Haus ist bis heute hin und wieder unser Treffpunkt. Mit einigen von ihnen verbringe ich seit Längerem jedes Jahr eine bestimmte Zeit in den Bergen; mein Vater organisiert das. Wir streifen durch die Wälder, essen am Kamin zu Abend, spielen „Risiko" und anderes.

Ich besuche eine Jugendgruppe in meiner Pfarrei; da habe ich endlose Abende mit Diskussionen über die wichtigsten Themen menschlichen Lebens verbracht, die anderen redend und ich schreibend an meinem Notebook.

Schließlich möchte ich nicht die Freunde aus dem Studentenwohnheim „Villa Nazareth" vergessen, die mich hin und wieder auf eine Pizza oder einfach so einladen.

Jede der hier nur erwähnten Gruppen würde ein eigenes Buch verdienen für das, was sie für mich getan haben.

So, das bin ich heute. Jetzt habt ihr eine grobe Vorstellung von meinem Leben. Ich glaube, dass wir nun beginnen können, tiefer in meine Geschichte einzusteigen.

Unzugänglich

Mein Leben als Autist war immer begleitet von Einsamkeit. Jetzt, da ich 20 bin, bekommt sie auch eine angenehme, positive Note: Zeiten der Einsamkeit sind wie verlangsamte Zeiten, in denen man zum Nachdenken kommt. Ich bin mir darüber im Klaren, dass euch Neurotypischen so etwas für einen 20-Jährigen komisch vorkommen muss. Die Persönlichkeitsentwicklung von uns Autisten verläuft anders, sie folgt anderen Gesetzen und kennt andere Phasen. Ich liebe es, allein zu sein und nachzudenken, aber ich mag auch die Zeichentrickfilme im Fernsehen, die ihr Neurotypischen nur in der Kindheit schätzt. Zwischen mir und euch gibt es allerlei Unterschiede, was Entwicklungsphasen und „altersgemäße" Interessen angeht, doch das ist kein Problem; die Unterschiedlichkeit ist in sich ein Wert, sie ist eine Bereicherung und bringt Abwechslung in unser gemeinsames Menschsein.

In Momenten der Einsamkeit *denke* ich; derzeit arbeite ich an den Inhalten meines Buchs.

Jetzt hat mein Leben seine Bahn gefunden, ich habe viele Freunde, auch wenn ich sie seltener sehe, als es bei gleichaltrigen Neurotypischen der Fall ist. Ich kenne keinen Herdentrieb; die *Qualität* der gemeinsam verbrachten Zeit ist mir wichtiger als die Quantität.

Als ich klein war, fehlte mir das Instrumentarium, um das Zusammensein meiner Freunde zu begreifen; ich hätte auch nicht gewusst, wie ich da mitmachen sollte. Ich erinnere mich noch, wie ich in der Grundschule, wenn meine Klasse nach draußen in den Garten zum Spielen ging, immer abseits mit meiner Betreuungslehrerin stand.

Ich nahm wahr, dass sie alle zusammen einer irgendwie koordinierten Aktivität nachgingen, wie in einer Art Stammesritual; es schien durchaus lustig und gut für den Teamgeist. Leider verfügte ich über keinerlei Strategie, da hineinzukommen oder wenigstens als „aktiver Zuschauer" dabei zu sein. Die Welt der Neurotypischen schien mir unzugänglich.

Von Zeit zu Zeit kamen mir in meiner Einsamkeit Fragen. Warum gerade ich? Warum war ich der Einzige unter all den mir bekannten Kindern, die von diesem schrecklichen, extremen Anders-Sein betroffen waren? Dass in meinem Umfeld auch nicht ein einziger weiterer Autist war, verdoppelte mein Gefühl der Einsamkeit. Ich fühlte mich extrem allein, anders als alle anderen.

Allmählich begann vom Grund meines Herzens eine mächtige Beklemmung aufzusteigen: Ich sah einfach keinen Weg, da herauszukommen, und niemand um mich herum schien imstande, etwas anderes zu tun, als auf mich in meiner traurigen Isolation aufzupassen.

Auch diese Beklemmung selbst blieb eingesperrt in mir, denn ich kannte keine Weise, andere daran teilhaben zu lassen. Ich erinnere mich, wie ich in bestimmten Momenten, in denen die Beklemmung aufs Äußerste anwuchs, eine Schublade in der Küche aufriss, die Löffel packte, ins Wohnzimmer rannte und sie auf den Boden fallen ließ. Das Geräusch des auf den Marmorboden aufschlagenden Metalls war stark, wirr und unheilvoll. Ich hatte einen Ton, besser – da eine Ebene tiefer – einen Lärm gefunden, der meine Beklemmung ausdrückte und durch den ich kommunizieren konnte wie mit einem Wort. Doch es mussten Löffel sein; Gabeln machen beim Fallen ein sanfteres Geräusch, und Messer klingen dumpfer, nicht so ausdrucksstark. Und sie mussten auf Marmorplatten fallen, nicht auf kleine Fliesen oder, noch schlimmer, auf einen Holzboden.

So hatte ich meine eigene Sprache geschaffen, die aus einem einzigen Geräusch bestand: Löffelfallenklirren auf Marmorboden, will sagen: Beklemmung.

Wiederholte ich stundenlang dieses Geräusch, sah ich, wie sich die gleiche Beklemmung auf den Gesichtern der Eltern und Geschwister breitmachte. Die Sprache, die ich mir ausgedacht hatte, funktionierte, teilte etwas mit, auch wenn es eine Sprache war, die nur eine Emotion vermitteln konnte: einen niederdrückenden Schmerz.

Daheim sagten sie nichts. Sie nahmen meine entnervende Äußerung hin; ich glaube, sie wussten, dass es meine einzige

Art und Weise war, überhaupt etwas nach außen zu kehren. Wer uns heute sieht, sagt manchmal, dass wir eine schöne Beziehung untereinander hätten. Vielleicht liegt es daran, dass wir uns alle miteinander dabei verschlissen haben, dass ich meine Beklemmung geräuschvoll zum Ausdruck brachte, und dies nicht nur einmal, sondern eine lange Zeit hindurch. Zum Glück wurde meine Einsamkeit regelmäßig durchbrochen durch allerlei tagtägliche Aktivitäten wie Essen, Schlafen, Zur-Schule-Gehen, Mich-Waschen und -Anziehen. In den Prüfungen des Lebens ist es eine echte Erleichterung, etwas zu tun zu haben: Es zwingt uns, für einen Augenblick uns selbst zu vergessen.

Auch die Videos mit Zeichentrickfilmen waren ein gutes Mittel gegen meine Einsamkeit. Von klein auf habe ich sie mir angeschaut, zunächst nur so, später dann als eine Art Bühnenhintergrund, um mit den Figuren zu tanzen und zu singen. Ich habe nie verstanden, warum das euch Neurotypischen nicht gefällt. Es ist echt lustig! Probiert doch mal aus, euch den Elefanten aus dem Dschungelbuch anzuschließen, durchs Zimmer zu marschieren und dabei inbrünstig zu singen: „Munter schreiten durch die Flur / Elefanten mit Bravour, / und sie stapfen stolz /durch das Unterholz." Ist das nicht fantastisch? Und den Müttern empfehle ich, beim Kochen mit dem Zauberer Merlin ein schönes „Higitus Figitus / Figitus Sbum / Presti-Digi-Torium" aus dem Disneyfilm „Die Hexe und der Zauberer" zu singen. Im Grunde zaubert ihr doch auch: Ihr mischt Sachen im Topf, die kaum Geschmack haben, und im Dampf und Qualm wird daraus ein köstliches Essen!

Leider muss man in diesen Dingen mit ganzem Herzen dabei sein; wenn man sich nicht voll darauf einlässt mitzusingen und auch nur ein wenig zögert, kommt man nie in den unbeschwerten Genuss dieser wunderbaren Dinge, die das Leben zu bieten hat.

Entscheidend für die Überwindung meiner Einsamkeit war – neben der konkreten Liebe vieler Menschen, die mir nahe geblieben sind und mich unterstützt haben – die *Gradualisierung meiner Probleme*. Diese Herangehensweise war hocheffizient; ich kann sie denen wärmstens empfehlen, die mit Menschen in problematischen Situationen zu tun haben. Ich will sie euch erklären.

Ich fühlte mich unter der Riesenlast all der durch meinen Autismus bedingten Grenzen wie erdrückt, was in mir Gefühle von Einsamkeit und Beklemmung auslöste. Für mich war das alles ein einziger riesengroßer, unbezwingbarer Berg. Es gab ja keinen Zauberstab, der mich von dieser Last befreit hätte und so hätte werden lassen, wie ihr seid.

Ich erinnere mich allerdings, wie es mir zum ersten Mal gelang, zusammen mit Valerio, meinem Schulfreund, am Computer zu spielen. Endlich hatten wir es einmal geschafft, nicht nur zusammen im selben Zimmer zu sein, sondern zusammen zu *spielen*. Ich weiß nicht, ob diese neue Erfahrung dadurch ermöglicht worden war, dass ich größer wurde und meine Fähigkeiten sich weiterentwickelten, oder dadurch, dass ich ganz neu entdeckt hatte, wie man es anders machen kann. Vielleicht war es ja auch nur ein Zufall. Fest steht, dass ich zuvor immer nur allein am Computer gespielt hatte und dass es mir an diesem bestimmten Tag gelungen war, mit einem Freund zusammen zu spielen. Mehr noch: Ich hatte das sichere Gefühl, dass diese kleine „Eroberung" mir eine gewisse Ahnung gab, dass es möglich sein könnte, so etwas zu wiederholen. Ja, ich war überzeugt, dass es wieder einmal klappen würde, wenn ich es nur oft genug versuchte; bestimmt würde ich es mit der Zeit öfter und besser hinkriegen!

Es war mein Vater, der mir das Prinzip der *Gradualisierung meiner Probleme* vermittelt hat. Nach dem gelungenen Spiel lenkte er meinen Blick gezielt auf diesen einen Punkt: Ich hatte zum ersten Mal etwas geschafft, was ich für unmöglich gehalten hatte: am Computer zusammen mit Valerio zu spielen. Da, in diesem zwar kurzen, aber real existierenden Augenblick, hatte der Autismus verloren, und ich hatte gesiegt. Es war nicht mein erster, aber wahrscheinlich mein erster ganz bewusster Sieg. Etwas Bedeutsames und Neues war in mir passiert.

Meinen Eltern gelang es, mir eine Reihe neuer Aktivitäten vorzuschlagen, Dinge, die ich noch nie gemacht hatte, die aber für einen Jungen in meinem Alter interessant und für mich möglich waren. Mit Papa entdeckte ich das Bowlingspiel, mit Mama Percussion, den Hallensport mit Alfredo und das sommerliche Stadtzentrum mit Paolo und Matteo, um nur ein paar Dinge zu nennen. Das war alles neu für mich, und es kostete mich eine große Anstrengung; die Schwierigkeiten blieben nicht aus, aber jeder kleine Teilerfolg festigte in mir eine neue Sicht: Es ist möglich, sich Tag für Tag ein Stück Lebensraum zu erobern! Der große Berg meiner Not mit meinem Autismus bröselte sich auf in viele kleine, alltägliche Probleme, die ich eins nach dem anderen angehen könnte. Oder, in einem anderen Bild gesagt: Wenn du einen Stein auf den Boden legst, dann den nächsten, dann noch einen ..., wenn du andere darauf schichtest, immer weiter, dann wirst du eines Tages dort, wo vorher nichts als Leere war, ein großartiges Bauwerk betrachten können.

Wenn ihr mit Menschen zu tun habt, die körperlich oder geistig stark eingeschränkt sind und davon innerlich wie blockiert scheinen, dann rate ich euch, das Gefühl der Ohnmacht, das einen überkommen könnte, zu überwinden. Versucht, für den Betreffenden immer wieder neue, auch unerwartete Situationen zu erfinden, sodass er im Nachhinein sagen kann: Das habe ich noch nie gemacht! Das habe ich gut hingekriegt!

Niemandem kann geholfen werden, mit einer Einschränkung oder Grenzen umzugehen, wenn man ihn nicht vorher motiviert hat, positive, konstruktive Energien in sich selbst zu aktivieren. Wir müssen einem, der in Not ist, helfen, ihn aber auch dahin bringen, dass er mehr und mehr lernt, sich selbst zu helfen. Dabei muss man wissen, dass der Wechsel von einer blockierenden globalen Sicht des Problems hin zu einem schrittweisen positiven Herangehen eine existenzielle kopernikanische Wende bedeutet. Wer sie einleiten will, braucht eine klare Strategie und Ausdauer über lange Zeit, ich würde sagen: viele Jahre hindurch. Wenn ihr einen Autisten dazu bringt, ein Eis zu essen, und ihr seht ihn hinterher genauso traurig wie vorher, dann verzweifelt nicht, sondern haltet durch.

Was ich über die Gradualisierung der Probleme gesagt habe, gilt natürlich nicht nur für Menschen mit einer Behinderung. Probiert mal, es auf euch selbst zu übertragen. Kennt ihr vielleicht auch Probleme, für die ihr keine Lösung habt oder die euch blockieren und in die ihr Bewegung bringen könntet, indem ihr sie aufbröselt und jeden Tag irgendeinen kleinen Schritt tut? Seid ihr vielleicht schon dabei, dieses oder jenes Problem zu lösen, und ihr könnt und wollt es gar nicht sehen, weil ihr so drinsteckt, dass es wie eine Mauer vor euch steht? Auch die Mauer der Traurigkeit und Tränen kann einen auf dem Weg durchs eigene Leben blockieren.

Irgendwelche Grenzen haben wir alle. Ohne Grenzen, ohne Schwächen wären wir keine Menschen; denn unser Menschsein, so meine ich, besteht doch gerade in diesem tagtäglichen Kampf, den wir zu kämpfen haben, damit trotz unserer Grenzen in unserem Leben die Freude durchkommt. Darin gibt es zwischen uns Autisten und euch Neurotypischen jedenfalls keinen Unterschied.

Ein Schock

Meine Eltern haben mir erzählt, dass ich in den ersten Lebensmonaten ein besonders schönes, kräftiges hellblondes Kind war; ich hatte blaue Augen und zarte, harmonische Gesichtszüge.

Als ich etwa ein Jahr alt war, fiel Papa und Mama auf, dass meine Fähigkeit, mit der Umgebung in Kontakt zu treten, sich nicht normal entwickelte, sondern sogar deutlich abzunehmen schien. Ich reagierte nicht, wenn jemand mich anschaute, und ließ kein Interesse an dem erkennen, was um mich herum passierte. Wenn jemand sich mir zuwandte, zeigte sich auf meinem Gesicht keine Regung, nicht einmal, wenn der andere mir ganz aus der Nähe in die Augen schaute. Meine Eltern haben gut reagiert und das Problem nicht heruntergespielt, wie viele es gern tun, um sich zu schützen – mit der Folge, dass kostbare Zeit verloren geht. Sie haben mich vielmehr gleich zu verschiedenen Kinderärzten und zu einem Neurologen und Psychiater gebracht. Ich wurde in bestimmten Abständen untersucht, aber ich war noch so klein, dass nicht leicht zu verstehen war, was bei mir nicht stimmte.

Wie viele andere Autisten habe ich ein sehr gutes Gedächtnis; meine Erinnerungen an Sinneswahrnehmungen und Emotionen reichen in die ersten Lebensjahre zurück. Diese frühesten Erinnerungen passten nach meinem Eindruck sehr gut zu dem, was Mutter und Vater oft den Freunden und Verwandten von meiner Geschichte erzählt haben. Ihre Erzählungen haben mir geholfen, meine Wahrnehmungen und Gefühle, die einfach so in meinem Gedächtnis eingepfercht waren, in ihrer Bedeutung zu verstehen.

Damit komme ich zu einem – besonders in der Kindheit – wichtigen Aspekt meines Autismus. Ich habe es schon angedeutet: Ich verstand nichts von der jeweiligen Situation, die ich gerade durchlebte. Vieles war für mich unverständlich, auch die gewöhnlichsten, alltäglichsten, sich immer wiederholenden Situationen. Gleiches galt für meine Empfindungen. Wenn mir zum Beispiel heiß war, begriff ich nicht, dass es die Konsequenz davon war, dass ich mit Schal und Mantel in einen geheizten Raum eingetreten war.

Die Fähigkeit, den Sinn dessen zu erfassen, was man gerade durchlebt, ist keine banale mentale Handlung; denn sie setzt voraus, zeitgleich mit den realen Veränderungen der Umgebung die *bedeutsamen* Wahrnehmungen herauszufiltern, sie untereinander in die richtige Beziehung zu setzen und alle anderen Wahrnehmungen auszublenden. Und dies alles immer wieder aufs Neue, ohne sich darüber große Gedanken zu machen. Euch Neurotypischen mag das normal erscheinen. Mir nicht.

Ganz zu schweigen von Situationen, in denen auch noch Menschen da sind, die eine Beziehung zu mir suchen. Zur Schwierigkeit, den situativen Kontext zu erfassen, kommt die Beziehungsebene hinzu, die mit Ersterem zwar verbunden, aber nicht dasselbe ist.

Als ich klein war, hat man sich gewundert, dass ich nicht gern mit vielen Kindern zusammen war. Meine Sinneswahrnehmungen waren dann so stark, dass es mir richtig weh tat; es war wie ein Sturzbach ungeordneter Impulse. Dabei irgendetwas zu begreifen, wäre wie das Zusammensetzen eines Tausend-Teile-Puzzles während einer Achterbahnfahrt.

Ich verstehe gut, dass ich als Autist euch sonderbar vorkommen muss; umgekehrt empfinde ich euch Neurotypische als beunruhigend kompliziert.

Es folgten weitere Untersuchungen beim Neuropsychiatrischen Dienst der lokalen Gesundheitseinrichtung ASL. Ich war etwa drei Jahre alt, als sie mich an die neuropsychologische Abteilung für Kinder am römischen Poliklinikum Umberto I verwiesen, einem der besten Zentren für Kinder mit Kommunikations- und Beziehungsproblemen.

Die Ärzte diagnostizierten bei mir nicht „eine Störung"; ich war vielmehr, was ich selbst bestätigen kann, schlicht und ergreifend *unfähig* zu kommunizieren. Sie diagnostizierten eine der schwersten Formen einer allgemeinen Entwicklungsstörung, die in dem weiten, vielgestaltigen Feld des Autismus anzusiedeln sei.

Aus diesen ersten drei Lebensjahren habe ich einige Bilder vor Augen: Mama, die mich am Morgen anzieht; Papa, der mich im Kindersitz im Auto anschnallt und zur Kinderneuropsychiatrie bringt, wo ich tagsüber untergebracht war: eine Art Kindertagesstätte, in der die Mitarbeiter Ärzte oder Therapeuten waren und die Beschäftigungen und Spiele wohl oft diagnostischen oder therapeutischen Zwecken dienten.

Ich weiß noch, dass ich da ein paar Ärztinnen kennengelernt habe, die später in meinem Leben besonders wichtig geworden sind. Die erste war Lucilla, groß, mit vielen schwarzen Haarbüscheln; auf den ersten Blick wirkte sie sehr streng und sachlich, doch mit der Zeit kam ihre tiefe Menschlichkeit und Liebenswürdigkeit zum Vorschein. Bei ihr war ich nach dem Ende der Tagesklinikaufenthalte weiter in Therapie. In ihrem Sprechzimmer habe ich viel Wut loswerden können. Ihr müsst wissen, dass vor meinen Augen alles ablief wie ein meist unverständlicher Film. Die Akteure dieses Films überschütteten mich mit Geräuschen; nur ab und zu konnte ich ein Wort heraushören und ihm eine Bedeutung zuordnen. Und in der umgekehrten Richtung war die Lage noch dramatischer, weil ich keinen Weg fand, den anderen zumindest eine Vorstellung davon zu geben, was *ich* empfand, dachte und wollte. Ich konnte nur hoffen, dass sie meine Bedürfnisse und Wünsche erahnten und selbst dafür sorgten, dass sie erfüllt würden.

Ich war also voller Ängste und Wut, konnte sie aber nicht ausdrücken. Um mich herum sah ich Gesichter, die sich irgendwie deformierten; erst später habe ich gelernt, ein Lächeln oder eine Enttäuschung aus den veränderten Gesichtszügen herauszulesen (noch heute muss ich mich dabei konzentrieren). Wie viele mentale Automatismen habt ihr, die mir fehlen! Im Sprechzimmer von Dr. Lucilla muss ich mich von vielen negativen Emotionen befreit haben; ich konnte sie bei ihr und auch bei meiner Mutter abladen, wofür ich ihnen sehr dankbar bin.

Meine Eltern erinnern sich immer noch an eine Sitzung, in der ich mit Puppen spielen sollte: Sie waren wie unsere Familie, zwei Erwachsene und drei Kinder. Ich konnte den Blick des dritten Kindes nicht ertragen. Ich musste es packen und mit voller Wucht wegwerfen. Die Ärztin hob es auf und stellte es wieder an seinen Platz. Die gleiche Szene wiederholte sich einige Male, meine innere Not wurde immer stärker, bis durch den Schmerz schließlich ein ganzer Satz aus mir herausplatzte: „Es wäre wirklich eine schöne Familie gewesen!"

Das war meine Befindlichkeit. Ich wollte nicht nur verschwinden, sondern hätte am liebsten jede Erinnerung, ja meine ganze Geschichte getilgt, um meinen Vieren ein ruhiges Leben zu ermöglichen, dass sie doch, gut wie sie waren, verdient gehabt hätten und das ich mit meiner monströsen Unfähigkeit, zu verstehen und mich mitzuteilen, zerstört hatte.

Die andere Ärztin, die ich kennenlernte, war Flavia. Noch heute begleitet sie mich; sie hilft mir, die verschiedenen Aktivitäten so auf die Reihe zu bringen, dass ich ein möglichst befriedigendes Leben führen kann. Flavia war und ist eine kleine, zarte Frau, die sehr sanft, aber auch äußerst durchsetzungsfähig sein kann.

Vater sagt, dass ich und sie, wenn wir über mein Notebook kommunizieren, einen fast zum Lachen bringen, weil meine Ausmaße ihre zierliche Gestalt noch kleiner wirken lassen. Abgesehen von der physischen Dimension ist aber klar, dass sie in ihrer gelassenen Entschiedenheit den Sieg davonträgt und den „Gesprächsverlauf" bestimmt. Ich bin darüber durchaus froh; denn Flavia bringt etwas ein, was mir fehlt. Oft zeigt sie mir das letzte Puzzleteil, damit ich endlich das ganze Bild sehen kann. Offenbar sind die Jahre, die sie älter ist als ich, nicht umsonst gewesen.

Eine andere Erfahrung meiner Kindheit war der Kindergarten, wo sich von den Mitarbeiterinnen Patrizia oft ganz speziell mir widmete. Wir spielten zusammen; mein bevorzugter Zeitvertreib war das Auseinandernehmen eines Objekts; wenn ich das geschafft hatte, ließ ich die Einzelteile durch die Luft fliegen. Die organische Ganzheit einer Sache zu attackieren, ein Ding in seine Teile zu zerlegen, allerdings ohne es dabei zu zerstören, das war die einzige Art und Weise, wie ich meine innere Not ausdrücken konnte. Es war kein destruktiver Zorn; mein Verhalten zielte immer nur darauf hin, das organische Ganze auseinanderzunehmen und in seine Teile zu zerlegen. Wenn ich einen Stapel Spielkarten in die Luft warf, hatte ich mein Ziel erreicht, mein Trieb war befriedigt; ich konnte es in aller Ruhe zulassen, dass ein anderer kam, die Karten vom Boden aufhob, sie richtig herum drehte und wieder zu einem Stapel zusammenfügte. Würde ich später wieder zu dem Kartenstapel kommen, hätte das Spiel von vorne begonnen: Ich hätte wieder alle Karten in die Luft geworfen, und dann ... So konnte es endlos weitergehen.

Ich spürte sehr deutlich die Liebe der Menschen um mich, aber ich konnte es nicht so zeigen, wie ich es gern getan hätte, und darunter litt ich sehr. Ich war einfach wie gefangen in meinem Exil, in der Wüste des Autismus.

Das will ich besser erklären: Stellt euch vor, ihr wärt völlig unfähig zu kommunizieren, verbal und auch sonst; und dann erlebt ihr, wie Menschen in ihrer Liebe zu euch daran glauben, dass ihr kein leerer Körper seid, sondern *lebt*, dass ihr mit dem Herzen spürt und versteht, auch wenn ihr das in keiner Weise zeigen könnt. Stellt euch vor, diese Menschen sprechen jahrelang mit euch, sind für euch da, geben euch zu essen, hören nicht auf, an eine unsichtbare Beziehung zu glauben, obwohl sie nur einen biologisch lebendigen Körper wahrnehmen. Stellt euch vor, ihr seht das alles und könnt nichts machen, könnt nicht sagen: „Ich bin doch da!", könnt nicht verständlich machen, dass ihr die Beziehung erwidert, könnt nicht mal ein Lächeln erwidern: jene Deformation der Gesichtszüge, mit dem ihr Neurotypischen eine zärtliche Bewegung eures Herzens ausdrückt, die ihr „Lächeln" nennt ... – ich kann das bis heute nicht. Ich kann herrlich lachen, aber eben nicht lächeln, wer weiß warum.

Deshalb bin ich meiner Familie, den Verwandten, den genannten Personen und denen, über die ich später schreiben werde, unendlich dankbar für ihre Liebe, ihr Durchhalte-vermögen. Wenn sie nicht da gewesen wären, dann, glaube ich, wäre ich eingegangen, vom Wahnsinn verschluckt. Mit welcher Hingabe sie jahrelang für mich da waren – wer hat davon etwas bemerkt? Kaum jemand. Wer erinnert sich heute daran? Niemand. Niemand außer mir, und ich werde es nie vergessen.

Ein langes Training

Die Jahre im Kindergarten und in der Vorschule waren fürchterlich. Einen Ungeeigneteren als mich kann man sich in dieser Umgebung überhaupt nicht vorstellen.

Endlich ging die Grundschule los, wo mich ein großartiger Lehrer in Empfang nahm: Ermanno. Er war nicht mehr jung, korpulent, hochgewachsen, mit großem Bauch und Haaren nur seitlich am Kopf.

Über Ermanno gibt es eine schöne Geschichte zu erzählen, die ich von meinen Eltern gehört habe. Papa und Mama hatten sich auf die Suche nach Lehrern und nach einer Schule gemacht, die für mich geeignet sein könnten. Sie hatten sich entschlossen, jedes finanzielle und logistische Opfer zu bringen, um mir ein passendes schulisches Umfeld zu bieten, selbst wenn es weit von zu Hause weg wäre. Meine Mutter nahm Kontakt mit Ermanno auf, um ihm die Schwere meines Falls darzulegen, und fragte ihn, ob er sich meiner annehmen könne. Ermanno antwortete prompt: „Aber klar doch, liebe Frau; schließlich sind wir eine öffentliche Schule!"

Ich halte Ermanno für einen heiligen Ungläubigen; ich glaube nicht, dass er an Gott glaubt, vielleicht aber auch auf seine eigene, unkonventionelle Weise. Ermanno hat gewiss einen unerschütterlichen Glauben an die öffentliche Schule und ihre unersetzliche Rolle für die nachfolgenden Generationen. Dementsprechend hat er sich mit aller Kraft dafür engagiert, dass diese Glaubensüberzeugung Realität wird. Obwohl ich damals überhaupt nicht kommunizieren konnte und für ein schulisches Umfeld herzlich wenig geeignet war, hat Ermanno mich gut aufgenommen und sich mir ganz persönlich gewidmet.

Ohne zu viel Druck auszuüben, hat er meinen Klassenkameraden geholfen, mich zu akzeptieren und eine Beziehung zu mir zu finden, so wie es für den Einzelnen möglich war. Unter seiner Leitung ist eine gute Klassengemeinschaft entstanden, und zum ersten Mal habe ich mich in einer Gruppe von Neurotypischen wirklich integriert gefühlt.

Aus den fünf Jahren in der Grundschule erinnere ich mich an viele Stunden, in denen ich abwesend oder mit anderem beschäftigt schien, während mein Kopf doch viele Dinge aufnahm. Ich erinnere mich an die Ausflüge, in denen ich unter allerlei Ängsten gelernt habe, mich mehr von meiner Familie zu lösen. Meine Gedanken gehen auch zurück zu den Lehrerinnen Onia und Donatella, die viel für mich getan haben, wie an die anderen, die nur kurz bei uns waren, aber allesamt eine positive Rolle gespielt haben.

In dieser Zeit sind mir andere Merkmale meines Autismus bewusst geworden.

Ich habe gesehen, dass euer neurotypisches Hirn immer nur imstande war, eine Sache nach der anderen zu tun. Ich hingegen konnte mir leise vor mich hin eine Geschichte erzählen und gleichzeitig einem Lehrer zuhören, der gerade sprach. Wenn ich etwas von seinen Erklärungen nicht verstand, dann lag das an meinen Schwierigkeiten mit der Sprache und nicht daran, dass ich zwei Dinge gleichzeitig machte. Es war, als könnte ich meinen Kopf in zwei unabhängige Teile aufspalten und jeden mit etwas anderem beschäftigen, also beispielsweise meine eigene Stimme hören und zugleich die eines anderen Menschen. Ich fand das lustig; anstrengend zwar, aber irgendwo auch entspannend – ich glaube, so ist es für einige Neurotypische, wenn sie sich bei einem anstrengenden Schachspiel erholen oder beim Lösen eines Kreuzworträtsels.

Mit dieser Fähigkeit spiele ich bis heute, etwa wenn ich ins Restaurant gehe. Ich nutze mein gutes Gehör, um bei mehreren Gesprächen an Nachbartischen gleichzeitig zuzuhören. Das Spiel besteht darin, möglichst wenig von den einzelnen Unterhaltungen zu verpassen. Natürlich interessieren mich die Gesprächsinhalte überhaupt nicht; das, worüber die Leute reden, habe ich ein paar Augenblicke später schon wieder vergessen. Ich habe entdeckt, dass sich diese mentale Fähigkeit enorm ausbauen ließe, wenn ich sie trainieren würde, aber ich habe es nie getan, weil ich nicht weiß, was es mir abgesehen von ein wenig Entspannung in meinem Leben bringen sollte.

Ein anderes Kennzeichen meines Autismus, das mir wohl in dieser Zeit klar geworden ist, ist mein sensibler Tastsinn, der sich in einer großen Freude am Berühren bestimmter Dinge und im Widerwillen vor der Berührung anderer Dinge äußert. Stellt euch vor, wie es euch ergeht, wenn ihr ein fantastisches Mahl zu euch nehmt oder umgekehrt etwas essen sollt, was euch zuwider sind: So geht es mir, wenn meine Fingerkuppen Materialien unterschiedlicher Beschaffenheit berühren. Ich liebe es, zwischen meinen Fingern den feinen Gummi gleiten zu lassen, aus dem die Handschuhe gemacht sind, die man zum Beispiel in Krankenhäusern verwendet. Mein Zahnarzt, ein Cousin meiner Mutter, weiß, dass er bei mir jede Zahnbehandlung machen kann, wenn er mir zuvor ein paar Gummihandschuhe in Aussicht gestellt hat. Übrigens glaube ich, dass ich physische Schmerzen nicht so stark empfinde wie den inneren Schmerz, etwa wenn ich mit einer neuen Situation konfrontiert bin und Angst habe, sie nicht zu begreifen, und nicht absehen kann, wie sie sich entwickelt.

Die Freude am Berühren von Gummihandschuhen würde ich, was die Intensität der Empfindung betrifft, mit dem Essen eines schönen Rindersteaks (eines meiner Lieblingsgerichte!) vergleichen. Die Gummihandschuhe, die Papa neben der Werkzeugschublade liegen hatte, habe ich ihm alle stibitzt und so lange zwischen den Fingern gerieben, bis sie zerbröselt waren. Er hat mich nie dafür getadelt; denn er hat mich gern.

Aus den unteren Klassen der Mittelschule habe ich nicht viel zu berichten. Diese Schule schien mir weit weniger für mich geeignet. Verschiedene Personen versuchten mir zu helfen, aber alle wurden von Marzia getoppt, der Erzieherin an meiner Seite, die mich schon beim Übertritt vom Kindergarten in die Grundschule und dann beim Wechsel auf die Mittelschule unterstützt hatte. Ich erinnere mich außerdem gut an Margherita, die mir daheim beim Lernen half, und als die Prüfung am Ende der dritten Klasse der Mittelschule anstand, hat sie mir geholfen, zumindest ein klein wenig von dem vielen, was ich wusste, zu Papier zu bringen: Viel war es nicht, aber immerhin.

Zu Hause schaute ich mir weiter Zeichentrickfilme an. Inzwischen war ich bereit, einen großen Schritt nach vorn zu tun, was meine Integration in eure sonderbare Welt der Neurotypischen betraf, die ganz schön kompliziert und nicht immer einladend ist.

Normalität

An dieser Stelle will ich die Erzählung kurz unterbrechen und einige Reflexionen einfügen. Unsere Gesellschaft, die sich gern „hochentwickelt" nennt, hat, um es in der Bürokratensprache auszudrücken, Spielräume für Verbesserungen, die grenzenlos sind. Nach meinem Erleben gibt es in der neurotypischen Gesellschaft verschiedenste dramatische Erscheinungen, die einfach so hingenommen werden, zum Beispiel einen Egozentrismus, der nur den Spaß im Hier und Jetzt kennt. Wenige Menschen begreifen ihr Leben als einen Weg. Für mich wäre dies das einzig Wichtige: über den Sinn des eigenen Lebens und der Welt nachzudenken und immer auf der Suche nach etwas Bedeutsamem und Wertvollem zu sein, sich hin und wieder damit zu konfrontieren, um zu reifen und zu wachsen.

Wer sich auf einen solchen Weg des Suchens einlässt, der stellt sich auch den tieferen Fragen nach dem Warum, und er wird die anderen Menschen als Gefährten sehen, die mit ihm auf dem Weg sind. Leider wirkt die Mehrzahl der Menschen eher festgefahren; viele klammern sich an ein enges System kleiner Sicherheiten wie an Holzstücke nach einem Schiffbruch. Diese Menschen neigen dazu, ihre existenziellen Ängste nach außen zu projizieren, und wir, die wir anders sind, werden zu besonders begehrten Objekten dieser Projektionen. Das ist schrecklich. Wir werden ghettoisiert – zusammen mit den Ängsten, die man auf uns projiziert hat. Wir werden nicht mehr als Personen behandelt, sondern dienen ihnen als Mittel der Verdrängung.

Wenn ihr also eine gute Beziehung zu Menschen wie mir haben möchtet, die anders sind als ihr, dann schlage ich euch vor, euch zu fragen: Ist mein Leben ein *Weg*? Frage ich mich manchmal nach dem Wozu? *Sage* ich nur, mein Leben hätte diesen und jenen Sinn, oder finde ich mich darin wirklich wieder? Und wie wirkt es sich im Alltag aus? Wenn ich ein Jahr zurückdenke, kann ich dann sagen, dass ich ein wenig weitergekommen bin auf meinem Weg? Solche Fragen, so meine ich, sind ein fruchtbarer Boden für eine gute Integration.

Oder seid ihr unbeweglich? Habt ihr euch einen Schlupfwinkel voller winziger Sicherheiten und immer gleicher dürftiger Freuden zurechtgemacht? Verteidigt ihr diese kleine Welt, braucht ihr sie für euer inneres Gleichgewicht, weil die Welt draußen euch unterschwellig Angst macht?

Ich fürchte, dass diejenigen, die anders sind als ihr, ein Katalysator solcher Ängste sind. Ob es Autisten oder andere Menschen sind, sie werden ghettoisiert, um ein wackliges existenzielles Gleichgewicht zu schützen.

Was die gesellschaftlich-kulturelle Ebene angeht, würde ich sagen: Wenn ihr meint, ihr wärt normal und wir behindert, dann steht es nicht gut um uns. „Normalität" ist die absurdeste Kategorie der neurotypischen Kultur. Wer hat euch eigentlich gesagt, dass ihr normal seid und wir nicht? Wer gibt euch das Recht, eine unsichtbare Grenzziehung vorzunehmen und zu definieren, dass die drinnen dazugehören und die anderen ausgeschlossen sind? Man kann nur erzittern, wenn man an die moralische Verantwortung denkt, die derjenige auf sich lädt, der so denkt und entsprechend handelt. Solche Ideen haben ja Konsequenzen. Menschen auszugrenzen und zu ghettoisieren, das ist wie Töten, es ist eine existenzielle Vernichtung; es bedeutet, einem anderen abzusprechen, dass er eine Person ist – er ist „nur Autist", „nur ein Schwarzer", „nur ein Jude". Wie viele Etiketten werden anderen Menschen angehängt, um sie abzustempeln.

Normalität, das ist doch lediglich der Durchschnitt der Menschen, die wir kennengelernt haben.

Die Vorstellung von Normalität, die in unseren Köpfen schwebt, ist kein Konzept, sondern eine unserer Grenzen, etwas Defizitäres, vor allem, wenn dadurch ein anderer Mensch ausgegrenzt wird.

Was tun?

Ich möchte erst mal daran erinnern, dass auch diejenigen, die sich im Ghetto unserer Vorstellung von Normalität befinden – die Gesunden, die Schönen, die Intelligenten, die aus gutem Haus ... – dass diese keineswegs alle gleich sind. Genau besehen gibt es keine zwei Menschen, die identisch wären. Und wenn man noch genauer hinsieht, stellt man fest: Sie sind ja gar nicht alle so gesund; manch einer ist ein bisschen heruntergekommen, viele sind nicht die Schönheit in Person, der eine oder die andere ist vielleicht sogar ein bisschen hässlich.

Angenommen, die Durchschnittsgröße der Erwachsenen läge bei 1,75 m, würde man wohl die Menschen zwischen 1,50 m und 2,00 m akzeptieren. Aber wenn du kleiner oder größer bist, darf man dich dann als Monster bezeichnen? Darf mich deine Anwesenheit beunruhigen, weil ich es schrecklich finde, dass du so klein oder so groß bist? Nur weil du mich daran erinnerst, dass auch ich ein Kleinwüchsiger oder ein Riese sein könnte? Was für ein schrecklicher Gedanke: Da kann man ja nur in Panik geraten, oder?! Ist es so? Und doch ist völlig klar, dass all das vollkommen irreale Überlegungen sind! Wir reden von Gespenstern, die den Menschen zusetzen. So viel könnten wir an unseren Vorstellungen von dem, was „normal" ist, verändern! Wir müssen daran arbeiten, die Grenzen viel, viel weiter zu ziehen.

Nehmen wir als Beispiel *mein* Anders-Sein. Wenn wir, ich und ihr, im selben Zimmer wären und an einem Tisch säßen, dann würdet ihr nach einiger Zeit sehen, dass ich aufstehe, lache, im Zimmer herumlaufe, eine Hand zwischen meinen Mund und ein Ohr halte und mir dabei selber irgendwelche Geschichten erzähle. Das ist nichts anderes als eine nicht-offensive Form, meine Emotionen zu bewältigen, aber ich kann euch versichern, dass die Mehrzahl von euch Neurotypischen Angstzustände oder ein Gefühl der Beklemmung bekäme, wenn sie ein in ihren Augen so ungewöhnliches, wenn nicht unpassendes Verhalten mitbekämen.

Stellt euch vor, wie unbehaglich ihr euch in so einer Situation fühlen würdet, und fragt euch einmal, ob es sich eigentlich um ein reales Problem handelt. Es genügt festzustellen, dass Autisten manchmal herumlaufen und leise vor sich hin reden, so wie Weitsichtige sich die Brille aufsetzen müssen, um etwas zu lesen. Der einzige Unterschied ist, dass ihr tausendmal gesehen habt, wie sich jemand zum Lesen die Brille aufsetzt, aber vielleicht noch nie einen Autisten, der lacht, leise vor sich hin redet und herumrennt.

Immer wenn uns irgendeine neue Andersartigkeit begegnet, wenn uns das beunruhigt oder vielleicht auch nur verwundert, sollten wir uns fragen: Ist es wirklich unmöglich, die Grenzen meiner Vorstellung von Normalität so weit auszudehnen, dass auch diese Fremdheit, diese Andersartigkeit Platz hat, dass ich auch das als „etwas Normales" betrachten kann?

Ich sage euch, was ich denke: Eine menschliche Person sein, das ist normal; kein Mensch auf diesem Planeten ist anormal. Okay, als Kind mag man Angst haben, dass im Dunkeln lauter Gespenster wohnen, aber wenn man groß ist, sollte man das überwunden haben. In Wirklichkeit sind wir alle normal und alle verschieden. Wir haben alle unsere Qualitäten und unsere Grenzen, in unterschiedlichen Formen und unterschiedlichen Graden. Natürlich müssen wir beachten, dass es für jemandem im Rollstuhl schwieriger ist, sich von hier nach dort zu bewegen, als für einen, der laufen kann. Aber es kann eben sein, dass der Rollstuhlfahrer freundlicher zu uns ist. Wer dann den Blick doch wieder auf „die Behinderung" lenkt, der schafft wieder nur Ghettos. (Etwas anderes ist es, dass bestimmte Schwierigkeiten von zuständiger Seite klar umrissen werden müssen, um die passende Unterstützung zu ermöglichen.)

Kurz, wenn ihr meint, wir Autisten wären behindert, dann kann ich nur sagen: Lasst das bitte! Vielleicht kann es dienlich sein, wenn ich euch ein paar Tipps gebe, wie ihr einem autistischen Menschen begegnen könnt, auch wenn euch aus dem zuvor Gesagten sicher schon einiges klar geworden ist. Allgemeingültige Regeln gibt es nicht; denn wir Autisten sind untereinander alle verschieden. Aber es gibt wohl ein paar Dinge, die für viele von uns gelten.

Ich bin darauf angewiesen, dass meine feinen Fähigkeiten der Wahrnehmung nicht überstrapaziert werden. So hasse ich laute Umgebungen, viele Lichter, Leute, die durcheinander reden. Ich sehe auch viele von euch darunter leiden, aber für mich ist es noch schlimmer; ich kann dann nicht mehr kommunizieren. Für einen Spaziergang ist die gedämpfte Atmosphäre eines Waldes besser als ein belebtes Stadtzentrum.

Gebt mir immer nur einen Input nach dem anderen; denn im Entschlüsseln verschiedener gleichzeitiger Botschaften bin ich bei Weitem nicht so schnell wie ihr. Ich kann euch verstehen, aber sprecht langsam und in einfachen Sätzen. Und bleibt ruhig, auch wenn meine Anwesenheit euch mal beunruhigt. Denn sonst meine ich, dass ihr mich für unfähig haltet; ich fürchte ja sowieso schon, euch nicht verstehen zu können! Es ist eindrucksvoll, wie sich Emotionen wechselseitig so hochschaukeln können, dass keiner mehr herauskommt.

Erklärt mir ruhig und langsam, wohin wir gehen, was wir tun und wie wir es machen werden. Für euch mag das klar sein. Für mich nicht. Und dann schweigt ab und zu. Es ist so schön. Und es ermöglicht euch, die Wirklichkeit um euch herum zu spüren, zu hören, nicht nur mit den Ohren, sondern mit eurem ganzen Sein.

Versucht nicht, uns zu belehren, sondern akzeptiert mit großer Gelassenheit unsere Unterschiedlichkeit; versucht diese besser zu verstehen und offen dafür zu sein. Anders sein ist etwas Schönes; es bereichert.

Autismen

Ich glaube, dass einige von euch dabei sind, sich Fragen zu meinem Autismus zu stellen. Einige von euch werden schon Autisten kennengelernt haben, andere haben jemanden im Fernsehen gesehen oder in Büchern etwas über Autisten gelesen. Auf Neurotypische wirken Autisten oft wie verloren, ja ganz versunken in ihrer eigenen Welt, gefangen in Fantasien, stereotypen Verhaltensmustern und regelrechten Fixierungen. Andere kommen ihnen vor wie Riesen ohne Verstand; wieder andere erscheinen so terrorisiert, dass man mit ihnen gar keinen Kontakt aufnehmen mag. Wer derartige Erlebnisse hatte, wird womöglich bei sich denken, dass mein Autismus doch sehr „relativ" ist oder dass ich gar kein richtiger Autist bin.

Ich kann euch jedoch versichern, dass ich praktisch nicht imstande bin zu sprechen: Verbal drücke ich mich mit einzelnen Wörtern aus, nur selten bringe ich einen kleinen Satz heraus, schon gar nicht spontan; ich muss ihn vorher möglichst auswendig gelernt haben, damit ich ihn dann gebrauchsfertig zur Verfügung habe. Schreiben kann ich nur in großen, undeutlichen Druckbuchstaben, die Zeilen gehen rauf und runter, gerade sind sie nie. Ich schreie, ich erzähle mir Geschichten, ich ziehe mich völlig zurück, und es ist mir egal, wenn die Leute mich komisch finden. Ich gerate in Wut, wenn man mir „Guten Morgen" wünscht ... Ich könnte so weitermachen und von weiteren Grenzen und Merkwürdigkeiten berichten.

Um zu erklären, wieso es mir gelingt, in zivilisiertestem Neurotypisch zu schreiben, müssen wir einen Schritt zurückgehen und die Sache grundsätzlicher aufrollen – vom Allgemeinen hin zu meinem besonderen Fall, in einer Logik, wie sie eurem neurotypischen Hirn liegt; denn so etwas hilft euch beim Verstehen einer komplexen Sache. Ihr seid kompliziert, aber ich beobachte euch seit vielen Jahren und glaube, ein bisschen verstanden zu haben.

Unter Autismus versteht man eine schwere Kommunikations- oder Beziehungsstörung. „Autistisch" ist ein Modewort, doch besonders präzise ist es nicht. Ich habe viele sogenannte Autisten kennengelernt, und ich versichere euch, dass sie alle verschieden sind, manchmal gibt es sehr große Unterschiede.

Ein Spezialist würde meine Form als „hochfunktionalen Autismus" bezeichnen, als eine schwere Störung, die in das sogenannte Autismusspektrum einzuordnen ist. Das Konzept des „Autismusspektrums", eine Art Übersichtstabelle über verschiedene Störungen, ist sehr viel aussagekräftiger als der pauschale Begriff (wenn ich so etwas schreibe, kommt mir das richtig neurotypisch vor: Beim Schreiben dieses Buches wächst die Fähigkeit, die Dinge so zu strukturieren, wie ihr das macht!).

Die Autisten unterscheiden sich so ziemlich alle voneinander. Nicht alle Einschränkungen sind bei jedem Autisten vorhanden. Jeder von uns hat einige und andere nicht. Nicht alle Einschränkungen sind bei den Einzelnen gleich stark, manche Einschränkungen sind häufiger als andere.

Jeder hat seine ganz persönliche Form von Autismus; manche gleichen sich, andere so gut wie gar nicht. Was sie alle verbindet, ist, dass der jeweilige persönliche Mix an Einschränkungen ihre Kommunikations- und Beziehungsfähigkeit stört, oft sehr stark, manchmal komplett. Dennoch lassen sich die Autisten grob in folgende Gruppen oder Kategorien einordnen.

Euch Neurotypischen am nächsten stehen die Menschen mit Asperger-Syndrom. Diese Autisten sprechen fast perfekt, manche sind sogar übermäßig redselig, noch mehr als ihr Neurotypischen, was eine irre Leistung ist. Oft tun sie sich im praktischen Leben ein bisschen schwer, manche würdet ihr in ihrem Verhalten wohl als etwas bizzar bezeichnen. Einige neigen dazu, ihr Interesse ganz auf irgendeine Sache zu konzentrieren, das kann alles Mögliche sein, von Dinosauriern bis zu Kirchenglocken. Sie vertiefen sich mit großem Elan und Begeisterung in die Materie und werden darin in kurzer Zeit zu richtigen Experten. Manchmal ist das grenzwertig, zum Beispiel wenn sie über nichts anderes mehr sprechen.

Eine liebe Freundin von mir ist eine leichte „Aspie" (wie wir sie nennen), man könnte sie leicht für eine von euch halten, wenn sie sich ein bisschen bemüht. Doch als ich mich mit ihr über einige Aspekte meines Autismus ausgetauscht habe und ihr zum Beispiel schrieb, dass ich bei mehreren Gesprächen gleichzeitig zuhören kann, habe ich erstaunt festgestellt, dass das bei ihr auch so ist. Ich weiß nicht, ob meine Hypothese stimmt, aber ich glaube, dass die „Aspis" nicht weniger autistisch, aber im Kopf flexibler sind. Deshalb können sie den neurotypischen Umgang mit der Wirklichkeit besser verstehen und sich gut, wenn nicht gar perfekt in deren Welt zurechtfinden.

Begeben wir uns jetzt in den Abgrund jenes tiefgehenden Autismus, wo wir, soweit mir bekannt ist, den sogenannten niedrigfunktionalen und den hochfunktionalen Autismus finden, Autisten mit einer geringeren und einer höheren Intelligenz.

Wie habe ich gelernt, auf gut Neurotypisch zu schreiben, sodass ich meinen Schulabschluss machen konnte und ihr mich versteht? Mein Autismus wurde sehr früh diagnostiziert. Ich habe sofort von einer optimalen Behandlung profitiert. Es ging natürlich nicht darum, meinen Autismus „zu heilen" (das wäre fast so, als wollte man aus einem Pferd einen Delfin machen); vielmehr ist es gelungen, meine starke Verschlossenheit nicht zur Blockade für spätere geistige Entwicklungsschritte werden zu lassen. Im nächsten Kapitel werde ich euch von den letzten Phasen dieser Entwicklung berichten. Vor allem aber liegt mir der Hinweis am Herzen, dass der wichtigste Faktor die Zuwendung meiner Lieben, der Menschen, die beruflich mit mir zu tun hatten, und der Freunde gewesen ist. Ihre Liebe hat in meinem Herzen die Hoffnung geweckt, die mich motiviert hat, dafür zu kämpfen, eure Welt zu verstehen, mich ein wenig zu integrieren und eure Sprechweise zu lernen, die für mein Empfinden so komisch überladen ist.

Nun möchte ich euch einladen, euch miteinander zwei Fragen zu stellen. Wie viele Autisten, die geistig verloren sind, hätten mit einer frühen Diagnose ein anderer Federico werden können, wenn man sie in ihrer Entwicklung mit Liebe begleitet hätte? Vielleicht nicht viele, aber sicher ein ansehnlicher Teil von ihnen. Und dann: Wie viele zweijährige Autisten schweben in diesem Moment am Abgrund einer Entwicklung, aus der es kein Zurück gibt, wo sie doch so begleitet werden könnten, dass auch sie später einmal ein Buch schreiben könnten?!

Ich mache hier einen Punkt. Ich will niemandem Angst machen. Ich will einfach nur Danke sagen, denen, die mich untersucht und die Diagnose gestellt haben, denen, die mich begleitet und gefördert haben, denen, die mir Liebe entgegengebracht und keine Mühe gescheut haben, mich zu integrieren. Ihr habt mir das Leben gerettet.

Eine Wende

Zu einer großen, wichtigen Veränderung in meinem Leben kam es, als ich etwa 14 Jahre alt war. In Wahrheit hatte sie sich schon lange vorher angekündigt.

In der Grundschule hatte meine Lehrerin Donatella meinen Eltern vorgeschlagen, mich doch mal am Computer schreiben zu lassen. Es gebe verschiedene Techniken und Methoden, Autisten an die Textverarbeitung und die selbständige, kompetente Nutzung des Computers heranzuführen.

So versuchte ich, am Computer zu schreiben, doch die ersten Resultate waren bescheiden. Ich war zu klein, um gut zu schreiben, in meinem Kopf war noch zu viel Durcheinander, was den Sinn für die Realität, für eure Sprache und besonders euren hochkomplizierten Gebrauch der Sprache anging. Oft tippte ich Buchstabenfolgen ohne Sinn, manchmal ein passendes Wort und nur selten einen ganz kurzen Satz.

Die wenigen Wörter, die zu schreiben mir gelang, schienen mir aus einem tiefen, fernen Ort in meinem Hirn hervorzukommen, wie aus einem Traum. Doch die Menschen um mich herum waren alle begeistert, dass sich mir endlich ein Weg zu kommunizieren aufgetan hatte, auch wenn das alles nur bruchstückhaft war. Als ich begriff, dass sie begeistert waren, hat mich das sehr motiviert.

Im Nachhinein weiß ich: Das Wichtige war, überhaupt angefangen zu haben, und zwar sehr früh. Die Lehrerin Donatella zog in eine andere Stadt; in der weiteren Grundschulzeit und den ersten Jahren der Mittelstufe habe ich meine bruchstückhaften Computerkenntnisse in der Schule nur hin und wieder genutzt, je nachdem, wie aufgeschlossen die Lehrer dafür waren. Ich hatte aber auch begonnen, zu Hause mit der Hilfe meiner Mutter am Computer zu schreiben, und anders als in der Schule tat ich das regelmäßig und nicht nur beim Lernen. Ich verstand schnell, dass ich mithilfe des PCs Fragen beantworten und sagen konnte, was ich wollte, anders gesagt: dass ich manchmal die Realität nach meinen Wünschen und Vorstellungen lenken konnte.

Meine Mutter spielte da wie überhaupt in der ganzen ersten Phase meines Lebens die entscheidende Rolle. Mütter mit Kindern sind eine Gruppe, die in unserer Gesellschaft nicht genug wertgeschätzt wird. Oft arbeiten sie außer Haus, weil sie für die Familie mitverdienen müssen, und oft tragen sie trotzdem die ganze Verantwortung für den Haushalt; sie müssen sich um die Kinder kümmern, sie waschen, anziehen, versorgen, irgendwo hinbringen und wieder abholen. Auch wenn sie einen Mann haben, der sich einbringt, lastet die Hauptlast dennoch meistens auf ihren Schultern. Wenn sie kleine Kinder haben, ist das oft die stressige Zeit im Leben einer Frau.

Bei meiner Mutter kam mein Autismus erschwerend hinzu. Als Erstes galt es, sich überhaupt ein Bild zu machen und sich in dieser oft unverständlichen Welt zu orientieren. Dann waren die Arztbesuche und Untersuchungen, die Therapien und Unternehmungen zu organisieren, die mir in meiner Entwicklung helfen und mich aus meiner Isolation herausführen sollten. Hinzu kam der ständige enge Kontakt mit der Schule und anderen Einrichtungen, um mir ein geeignetes Lernumfeld zu ermöglichen und um die uns zustehende Unterstützung zu bekommen. Mein Vater hat in dieser Zeit viel gearbeitet; so hat er einen guten Teil meiner Aktivitäten mitfinanzieren können. In der Freizeit war er immer da, was nichts daran ändert, dass die Hauptlast bis in die Mittelstufe hinein auf meiner Mutter lastete. Ich erzähle euch das, damit ihr besser versteht, was es bedeutet hat, dass meine Mutter sich auch noch entschlossen hat, sich mit mir so oft an den Computer zu setzen, damit ich lernen konnte, damit umzugehen.

Die Wirklichkeit habe ich lange wahrgenommen wie unverständliche Ausschnitte aus einem Film, in dem ich selbst nicht mitspiele. Das hat sich in der Vorpubertät langsam geändert. Ich begann allmählich mehr von dem zu verstehen, was um mich herum geschah, und in einigen Fällen gelang es mir auch, den Gang der Dinge zu lenken, indem ich von zwei Wörtern, die mir vorgeschlagen wurden, eines nachsprach, oder indem ich auf etwas zeigte oder etwas schrieb.

Zwei entscheidende Elemente haben diese Entwicklung in Gang gebracht. Zunächst einmal die konkrete Liebe meiner Familie, meiner Betreuer und Begleiter sowie der Menschen, mit denen ich in der Schule zusammen war. Sie haben sich untereinander abgestimmt, um ein Netz der Unterstützung und Liebe für mich zu schaffen. Diese Liebe hat wie gesagt in mir die Hoffnung geweckt: Wenn so viele Menschen mich gern hatten, sich untereinander absprachen und sich engagierten, dann musste es doch einen Weg für mich geben, aus meinen Einschränkungen herauszukommen und ein wenig mehr am wirklichen Leben teilzuhaben! Das zweite entscheidende Element war die Feststellung, dass die Bemühungen erste vorsichtige Resultate hervorbrachten. Die Freude der Menschen, die mir halfen, war eine Bestätigung dafür. Mir hat das geholfen, mehr und mehr aus einem schmerzlichen Misstrauen herauszukommen und zu glauben, dass sich die Mühe lohnt.

Nach den ersten Jahren in der Mittelstufe stand die Entscheidung an, wie ich weitermachen sollte. Meine Eltern drängten mich mit Nachdruck, eine eher leichte Schule zu besuchen, doch ich war fest entschlossen, mich im naturwissenschaftlichen Gymnasium einzuschreiben. Vor allem, weil meine Freunde sich dafür entschieden hatten. Aber dahinter stand auch schon, dass ich mir meiner geistigen Fähigkeiten allmählich bewusster wurde. Ich wollte verschiedene Wissenschaften kennenlernen, weil ich hoffte, da auch Antworten auf die großen Fragen meines Lebens zu finden. Warum gab es überhaupt den Autismus? Was waren die Ursachen? Warum hatte es ausgerechnet mich getroffen? Warum war ich so stark eingeschränkt?

Schließlich haben meine Eltern meine Entscheidung respektiert. Die fünf Jahre auf dem Gymnasium, die dann folgten, waren ein perfektes Trainingsfeld. Durch das täglich Üben konnte ich mich im Schreiben verbessern und endlich zeigen, was ich gelernt hatte. Ich bekam ganz gute Noten, besonders in Chemie und Latein, meinen besten Fächern.

In diesen Jahren habe ich durch das Schreiben auch in meine Pfarrei hineingefunden. Die Gruppe, der ich mich anschloss, traf sich oft, um über dieses oder jenes zu diskutieren, und ich beteiligte mich daran, indem ich ins Notebook schrieb. Kurz, diese Möglichkeit zu schreiben hat mir ganz entscheidend geholfen, eine gutes schulisches Niveau zu erreichen, mich einzugliedern, Freundschaften zu knüpfen.

Ich kann mir denken, dass sich viele von euch fragen, warum ich – wie viele andere Autisten auch – kaum reden, wohl aber schreiben kann.

Das hat viele Gründe. Ein mündlicher Dialog ist im Allgemeinen sehr schnell, während das Tippen mit einem Finger einem weit mehr Zeit gibt, einen Gedankengang zu strukturieren. Das Sprechen wird von vielen Elementen nonverbaler Kommunikation unterstützt, etwa vom Gesichtsausdruck oder von dem Ton, in dem einer etwas sagt. Ein geschriebener Text besteht dagegen nur aus den Wörtern selbst. Schließlich setzt ein mündlicher Dialog eine dem Dialog zugrundeliegende Beziehung voraus; ein mechanisches Mittel ist unendlich einfacher und macht weniger Angst. Im Gespräch ist man gezwungen, möglichst schnell unendlich viele Details mental zu fassen und unmittelbar den größten Teil davon auszublenden. Die wenigen als bedeutsam erfassten Einzelteile werden dann wie in einem Puzzle zusammengesetzt, von dem man im Voraus nicht einmal weiß, aus wie vielen Teilen es besteht. So weiß man auch nie, ob das Bild, das man sich zurechtgemacht hat, vollständig genug ist, um sich angemessen verhalten zu können. Wenn man ähnliche Situationen schon mal erlebt hat, kann man sich an die Erinnerung halten, sonst verliert man sich in dem dramatischen Versuch, sich etwas zusammenzureimen. Ihr werdet verstehen, dass Schreiben sehr viel leichter ist.

Als ich etwa 14 war, nahmen die beruflichen Verpflichtungen meines Vaters ab, und er begann mehr in meinem Leben präsent zu sein. Meine Mutter kümmerte sich weiter überwiegend, allerdings nicht ausschließlich, um die medizinisch-therapeutischen Termine, um das Bürokratische und die schulischen Angelegenheiten, während mein Vater die sozialen Kontakte fest in die Hand nahm, die sich damals bei mir auf die Klassenkameraden beschränkten.

Auf meine Bitte hin hat er es organisiert, dass ich bei der Pfarrjugend mitmachen konnte. Er ging mit mir zu den

Treffen, um mir beim Schreiben zu helfen. Die anderen Jugendlichen haben ihn ganz selbstverständlich akzeptiert, wie ein natürliches Hilfsmittel, das meiner Verständigung mit ihnen diente.

In den darauffolgenden Jahren kam mein Vater auch mit in die Ferien und Freizeiten, er half mir, mich zurechtzufinden und mithilfe meines Notebooks zu kommunizieren. Dieses wurde mein unzertrennlicher Gefährte; mit meinem Notebook und der nötigen Unterstützung gelang es mir immer besser, mich einzubringen.

Das Schreiben war für mich eine Befreiung. Es hat mir ermöglicht, mein Leben neu in Angriff zu nehmen, mich zu beteiligen, Einfluss auf verschiedene Situationen zu nehmen. Auch hier möchte ich Danke sagen – allen, die es mir beigebracht haben, besonders meinen Eltern, die sich mit viel Enthusiasmus auf dieses Abenteuer eingelassen haben. Ich bin heute glücklich über mein Leben, und das habe ich zu einem guten Teil ihnen zu verdanken.

Was uns verbindet

Um meinen Weg als Autist zu verstehen, scheint mir das Thema des Willens wesentlich zu sein. Ich sehe, dass der Wille für euch Neurotypische eine Ressource ist, die euch immer zur Verfügung steht. Es kommt euch etwas in den Sinn, ihr entscheidet euch und legt los. Bei mir ist das anders. Manchmal ist mein Wille wie eingesperrt oder blockiert; er kommt einfach nicht heraus.

Als Kind ging es mir sehr oft so, jetzt gelingt es mir besser, mich selber zu lenken, aber es passiert mir auch heute noch, dass ich wie blockiert bin. Das Phänomen hat sich allerdings, so würde ich es sagen, auf bestimmte Gebiete zurückgezogen. Wenn zum Beispiel einer mir gegenüber eines dieser floskelhaften kurzen Wörter wie „Danke", „Bitte" oder „Super" gebraucht, dann ist mein Wille wie blockiert. Ich beginne, mir das Wort zu wiederholen, einmal, zweimal, immer wieder, wie in einer Endlosschleife, aus der ich praktisch nicht mehr herauskomme, wenn mir keiner hilft.

Wenn ihr Neurotypischen redet, bildet ihr eure Sätze gewöhnlich direkt beim Sprechen. Ihr verfügt über einen hochwirksamen, sehr schnellen Mechanismus, der das, was ihr in euch habt – Wahrnehmungen, Gefühle, Gedanken – nicht nur in Wörter, sondern direkt in ganze Sätze umwandelt, die ihr dann im Gespräch verwendet. Ich verstehe die Sprache, brauche aber mehr Zeit, als in einem Gespräch normalerweise zur Verfügung steht; vielleicht sollte ich eher sagen, dass ich mehr Ruhe brauche: Ich darf nicht in Bedrängnis geraten; sonst kommen beklemmende Gefühle auf, und ich bin blockiert.

Mit der Zeit habe ich einige Sätze auswendig gelernt, die ich im Gedächtnis hüte, damit ich sie, wenn es mir dient, gleich parat habe. Mit meinem Vater habe ich versucht, das weiterzuentwickeln; ich wollte mir weitere Sätze aneignen, doch es hat nicht funktioniert: Dies methodisch durch Üben auszubauen, geht nicht; es muss langsam und natürlich im Alltag wachsen. Da gibt es ja tausend Situationen, in denen immer irgendetwas geredet wird; in eurer neurotypischen Welt wird zu viel gesprochen. Aber lasst mich sagen, dass eure Art und Weise, verschiedenste Situationen wortreich zu beherrschen, nicht die einzig mögliche ist.

Lasst mich an die Tastatur meines Notebooks, eines Objekts, das unvergleichlich weniger Ängste heraufbeschwört, gebt mir die nötige Ruhe, damit ich langsam mit einem Finger tippen kann, und ich werde wieder der Sprache mächtig! Mein Problem ist nicht das verbale Sprechen an sich, sondern die enorme Komplexität menschlicher Beziehungen bei diesem Sprechen. Denn da spielen jede Menge nonverbaler Impulse hinein, die in großer Geschwindigkeit hin und her gehen und sich auch noch wechselseitig beeinflussen. Wie soll ich in so einem stürmischen, gigantischen Beziehungsgeschehen sofort alle nötigen Wörter finden, die nützlichen und nach meinem Eindruck oft genug auch noch solche, die eigentlich überflüssig sind?

Nach meiner Hypothese verfügt ihr über eine große Fähigkeit, die mehr oder weniger bewusst wahrgenommenen Eindrücke unmittelbar zu beurteilen und euch ein Gesamtbild zu machen, sodass ihr mit unterschiedlichsten Situationen meistens gut klarkommt und die Ruhe bewahrt. Wenn ich mit anderen Menschen zusammen bin, ist das anders: Mein Hirn läuft auf Hochtouren, um eine schier unendliche Sequenz von Details zu bewerten. Und bevor ich umrissen habe, was abläuft und was ich folglich sagen könnte, hat sich die Lage schon wieder weiterentwickelt und meine Detailanalyse muss von vorn beginnen: In eurer neurotypischen Welt herrschen eure Gesetze, und ich gerate in Schwierigkeiten.

In eurem Sprechen gibt es einen für mich sehr wichtigen, oft übersehenen Aspekt. Wenn ihr sprecht, seid ihr nicht immer mit derselben Intensität dabei; diese kann sehr verschieden sein, und auch unabhängig von der emotionalen Dichte einer bestimmten Situation.

Nehmen wir eine gefühlsmäßig dichte Situation: Ein Junge erklärt einem Mädchen zum ersten Mal seine Liebe. In wenigen Worten bringt er wahnsinnig viel zum Ausdruck, unabhängig von den Wörtern, die er wählt, um es zu sagen.

Er ist ganz drin in dem, was er sagt. Doch in den allermeisten Gesprächssituationen ist das anders. Zum Beispiel, wenn ihr mehr oder weniger emotionslos zu jemandem sagt: „Wenn du mitkommen willst, nimm den Schirm mit; denn es regnet. Sonst sehen wir uns später." Die Satzkonstruktion verlangt schon eine gewisse Konzentration; hinzu kommt eine gewisse Intensität der Kommunikation. Wahrscheinlich schaut ihr dem anderen beim Sprechen in die Augen, und noch bevor er etwas sagt, könnt ihr an seinem Gesicht schon ablesen, wie er reagiert. Wenn ihr euch also ein wenig konzentriert, um einen ein wenig komplizierteren Satz zu bilden, dann konzentriert ihr euch sofort auch auf die Beziehung zu dem Menschen, an den der Satz gerichtet ist. Nun habt ihr aber auch kleine Floskeln, kurze Formeln, die ihr aus Konvention gebraucht. Ich habe eingangs einige genannt. Ihr verwendet sie eher mechanisch, oft automatisch. Wenn euch einer etwas gibt, sagt ihr „Danke!"; ihr bemerkt es kaum, und ihr beachtet auch kaum denjenigen, dem ihr es sagt. Seien wir ehrlich: So ein „Danke" ist eine Floskel, seine Verwendung ist ein Ritual. Nur ganz selten ist es Ausdruck einer wirklichen Regung der Dankbarkeit in eurem Herzen. Es ist ein Zeichen guter Erziehung, aber auch ein Formalismus.

Versucht jetzt mal in anderen Worten zu sagen, was „Danke" meint. Vielleicht kommt euch eine Umschreibung wie diese: „Ich möchte dir danken, dass du so aufmerksam gewesen bist, mir den Stift zu geben, den ich gerade brauchte." Ihr könnt absolut sicher sein, dass ihr so einen Satz niemals mechanisch oder gewohnheitsmäßig aussprechen würdet. Ihr könntet es nur sagen, wenn ihr es auch so empfindet, und ihr würdet den anderen ganz gewiss dabei anschauen.

Wenn ihr etwas im Kopf oder im Herzen habt, was ihr mir wirklich sagen wollt, dann verwendet keine Floskeln, sondern bildet einen Satz, der ganz *euer* Satz ist, und sagt ihn mit der nötigen „kommunikativen Intensität": Das hilft mir, einen Zugang zu finden, an euch „heranzukommen", euch bis zum Ende des Satzes zu folgen und euch zu verstehen. Wenn ich einen passenden vorgefertigten Satz auf Lager habe, der ausdrückt, was ich erwidern möchte, dann bekommt ihr auch eine Antwort. Sonst antworte ich euch mit einem einzelnen Wort, das mir auf die Schnelle kommt, um auszudrücken, was ich denke.

Wenn die Kommunikation floskelhaft wird, wenn ihr vorgefertigte Wörter verwendet, die nicht eure sind, dann sinkt die Intensität eurer Kommunikation dramatisch, und ich verliere den Anschluss. Ich komme nicht mehr mit, kann euch nicht mehr folgen und weiß nicht, wie ich in dem Moment wieder mit euch in Beziehung treten soll. Haltet euch nur mal vor Augen, dass ich es nicht schaffe, allein ein Buch zu lesen, weil der bloß visuelle Reiz für mich nicht genügt, um wirklich hineinzukommen in das, was ich da lese. Ich brauche ein Hörbuch, und wenn ich so über den Kopfhörer höre, mit den Augen mitlese und mit dem Zeigefinger die Zeilen nachfahre, dann gelingt es mir, den Inhalt zu erfassen. Und dann macht Lesen durchaus Spaß.

Bei einer durchschnittlichen Kommunikation, in der ihr etwas mitteilt, was ihr tatsächlich sagen wollt, und es in geeignete Worte fasst, schaffe ich es, euch zu folgen; bei Floskeln verliere ich den Faden: Ich bin dann nicht mehr bei euch.

Und dann gerate ich in eine Art Panik; denn ich finde mich in meinem großen Kindheitstrauma wieder: nichts zu verstehen von der Welt um mich herum, Spielball unverständlicher Geschehnisse zu sein.

Diese Art Panik blockiert mich; es kommt vor, dass ich immer wieder ein Wort wiederhole, und zwar das Wort, bei dem ich den Anschluss verloren habe. Es ist, als ob mein Wille blockiert wäre; ich werde zum Gefangenen in einer Endlosschleife, komme aus der ständigen Wiederholung dieses Wortes nicht mehr heraus. Mit meinen Gedanken bin ich in eine enge, dunkle Gasse geraten, ich stehe wie vor einer Mauer. Es ist ein bisschen so, wie wenn man einen richtigen Zorn auf jemanden hat. Liebend gern käme man aus dieser unangenehmen psychischen Befindlichkeit heraus, aber wie? Da hilft nur warten und erst mal Abstand suchen. Auf vergleichbare Weise kann sich meine Blockade lösen: Ich muss erst einmal aus dieser Sitution heraus.

Wer weiß, wie oft Autisten in aller Welt gar nicht in konstanten Beziehungen leben können, weil die Menschen, mit denen sie zusammen sind, nicht mit der nötigen Intensität kommunizieren. Für einen Neurotypischen ist das schwer zu verstehen; man muss es ihm erläutern, damit er begreift, dass mentale Fähigkeiten, die bei ihm angeboren sind und über die er unbewusst immer schon verfügt, keineswegs selbstverständlich sind. Ich habe versucht, diese unsere Unterschiedlichkeit zu erklären, und ich hoffe, dass es dem einen oder anderen von euch eine Hilfe sein kann, damit Autisten sich in eurer Nähe etwas weniger fremd und nicht so einsam fühlen.

Gott

Mein existenzielles Nachdenken hat mit den Jahren auch eine philosophische und religiöse Dimension bekommen. Ich kann mir denken, dass bei meinen neurotypischen Freunden existenzielle Reflexionen – weniger über das menschliche Leben im Allgemeinen als über das eigene Leben (das einen unendlich mehr betrifft!) – später begonnen haben als bei mir. Sie konnten als Kinder ja einfach ihr Leben leben, es entdecken und genießen. Für mich waren das fast völlig verschlossene Dimensionen.

Ich halte mich generell für einen mehr dem inneren Leben zugewandten Menschen, anders gesagt: Was in mir ist und vorgeht, ist mir wichtiger als das Äußere. Ich denke nach, beobachte, versuche, mein Erleben und meine Gefühle zu ordnen. Sicher hat dabei meine Unfähigkeit zu sprechen eine wichtige Rolle gespielt.

Schon als Kind stand ich vor der schrecklichen Frage, warum mich das Schicksal des Autismus getroffen hat, warum ich ein Fremder bin, der so anders ist als ihr alle. Als ich größer war, bin ich viel allein gewesen, sodass es ganz natürlich war, in mich zu gehen und über vieles nachzudenken.

Als ich ungefähr dreizehn Jahre alt war, fiel mir auf, dass mein Vater und meine Geschwister irgendwie verändert waren, wenn sie am Sonntag vom Gottesdienst nach Hause kamen, und zwar positiv. Da ich nicht sprechen konnte, richtete sich mein Augenmerk mehr auf das, was wohl *in* den anderen vorging; ich merkte, dass in ihnen etwas anders war als vorher. Langsam öffnete sich mein einsames Nachdenken für die religiöse Dimension, und in einem meiner „Computergespräche" mit meinem Vater teilte ich ihm mit, dass auch ich an Gott glaube und dass ich mich gern auf die Erstkommunion vorbereiten würde.

Nach meiner Einschätzung durchläuft jeder Mensch seinen ganz persönlichen Weg im Leben; dieser Weg ist genauso einzigartig und unwiederholbar wie die Menschen selbst. Auf diesem Weg steht jeder irgendwann einmal vor der Frage, welchen Sinn es hat, dass er geboren wurde, dass er lebt und einmal sterben wird. Dabei spürt man, dass die Naturwissenschaften auf solche Fragen keine befriedigende Antwort geben können. Denn die Naturwissenschaften beschäftigen sich mit messbaren Phänomenen, mit der Materie und ihren Transformationen. Die letzten Fragen des menschlichen Lebens gehen über diese Dimension hinaus, und nur das Herz kann uns helfen, die tiefen Abgründe zumindest ein wenig zu ergründen.

Ich glaube, dass der Glaube und der Atheismus zwei komplementäre Geheimnisse des menschlichen Lebens sind.

Ob gläubig oder nicht, wir sind auf dem Weg durchs Leben. Und auch wenn jeder seinen ganz persönlichen, einzigartigen Weg hat, so bedeutet das nicht, dass wir uns nicht als solidarische Weggefährten empfinden und einander in den jeweiligen Überzeugungen respektieren könnten.

Ich möchte eine Einladung lancieren. Keiner soll das, was ich hier schreibe, als richtig oder falsch einordnen: Das wäre allzu einfach und würde auch nichts bringen. Mein Leben kann für euch nicht richtig oder verkehrt sein. Ich lade euch ein, auf ein Urteil zu verzichten, auch wenn euch das schwerfällt. Lasst das, was ich schreibe, einfach in euer Herz fallen. Ich würde mir wünschen, dass in jedem von euch Leserinnen und Lesern eine ganz eigene, ganz persönliche Reflexion in Gang kommt, die euch für den eigenen Weg dient.

Mein Vater hat mich mit Don Ben bekanntgemacht, einem richtig katholischen Priester. Weil „katholisch" universal bedeutet, war Don Ben wie selbstverständlich überzeugt, dass die Botschaft Jesu allen Menschen etwas zu sagen hat, den Autisten genauso wie den Neurotypischen.

Einer Realität zu begegnen, in der ich nicht im Geringsten diskriminiert wurde, das war eine wunderbare Überraschung. Ben organisierte für mich eine Erstkommunionvorbereitung in der Art eines privaten Einzelunterrichts. Mein Katechet, Jacopo, kam zu mir nach Hause, setzte sich mit mir an den Computer und „unterhielt" sich so mit mir über die Themen, für die ich mich innerlich zu öffnen begann.

Dann kam der Tag meiner ersten heiligen Kommunion, die ich in einer fast leeren Kirche in einem Gottesdienst am

Nachmittag empfing; es war einer der schönsten, tiefsten Momente mit meiner Familie, an die ich mich erinnere.

Kurz darauf teilte ich schriftlich mit, dass ich mich auch auf die Firmung vorbereiten wollte; so würde ich auch mit den Klassenkameraden „gleichziehen". Meine Eltern setzten sich mit Don Ben in Verbindung, der diesmal eine Gruppe von Jungs und Mädchen für mich fand, die etwa in meinem Alter waren.

Meine Eltern und Don Ben trafen sich mit ihnen, um sie etwas eingehender zu informieren, was es mit dem Autismus und all meinen merkwürdigen Verhaltensweisen auf sich hat, damit sie besser mit mir Kontakt aufnehmen könnten. Von da an war mein existenzielles Suchen nicht mehr nur eine Sache in meinem Innern: Jede Woche traf ich mich mit einer Gruppe Gleichaltriger und diskutierte über irgendwelche tiefen Fragen, wobei sie redeten und ich in mein Notebook schrieb.

Im Firmvorbereitungskurs habe ich einige Helden des Alltags kennengelernt: Mädchen und Jungen, die sich nie von Ängsten haben packen lassen, wenn sie beunruhigende Seiten meines Autismus mitbekommen haben. Sie haben mich immer als einen Menschen betrachtet, der hier und da Hilfe braucht. Darin waren meine Alterskameraden besser als die Erwachsenen. Man meint ja immer, dass die Jüngeren von den Älteren zu lernen hätten. Was die Fähigkeit mich zu integrieren angeht, war exakt das Gegenteil richtig. Ich sage das allen Erwachsenen: Passt auf. Es wird Augenblicke geben, in denen euch die jungen Leute, ja sogar eure Kinder etwas Wichtiges beibringen können – und ihr riskiert, das nicht mal zu bemerken! Wenn ihr auch oft die „Lehrenden" seid, heißt das nicht, dass ihr immer in dieser Rolle wärt.

In unserer Firmgruppe habe ich viele echte, große Freunde getroffen. Nicht nur Gabriel, sondern auch Francesca, „meine Stimme", die während der Treffen allen vorlas, was ich schrieb. Außerdem Riccardo, der noch heute in Jugendgottesdiensten mit mir zusammen Percussion spielt. Und noch eine Francesca, genannt „Pizia", und Andrea („Feffe"), Maria Carlotta, Enrico ... Ich kann gar nicht alle nennen; denn wir waren etwa 40. Bitte glaubt mir, dass jede und jeder von ihnen, die namentlich Genannten und die nicht Genannten, auf mich zugegangen sind, mir ihre Liebe gezeigt und mir geholfen haben. Wir haben diskutiert, Musik gemacht, zusammen gegessen, Ausflüge unternommen; da war ich voll integriert. Auch die verschiedenen Katecheten, die einander abgewechselt haben, waren richtig nett und haben immer die Beziehung zu mir gesucht. Und ich habe diese Erfahrung sehr bewusst durchlebt.

Es gibt keinen Ausgeschlossenen auf der Welt, der nicht irgendwie integriert werden könnte. Es genügt der Glaube daran und der feste Wille, wirklich etwas zu tun: Die Wege finden sich!

Wichtig war für mich ein fester wöchentlicher Termin, das feste Eingebundensein in eine Gruppe. Mein Vater begleitete mich zu unserem Treffpunkt; ich hatte immer mein Notebook dabei. Manchmal haben wir uns auch anderswo getroffen, und sonntags waren wir zusammen im Gottesdienst. Wir waren eine richtig gute Gemeinschaft von Neurotypischen und einem Autisten, das machte keinen Unterschied.

Nach der Firmung hat sich die Gruppe weiterhin regelmäßig gesehen. Unsere schönste Erfahrung war eine Woche in der mönchischen Kommunität von Bose. Das Leben der Mönche habe ich zum Teil als ganz schön anstrengend empfunden; denn es war eine existenziell so dichte Erfahrung, dass es einen an den Rand einer Krise bringen kann. Außerdem habe ich ja auch noch einen ganz eigenen Rhythmus, anders als der eure, und vor allem empfinde ich innerlich das, was ich erlebe, sehr stark, ziemlich ungeschützt, würde ich sagen – auch wenn ich äußerlich manchmal abwesend oder in mich versunken erscheine.

Es ist, als könnte ich mich nicht mal für einen Augenblick in die Oberflächlichkeit zurückziehen, um neu Atem zu holen. Bei euch Neurotypischen sehe ich diesen Mechanismus oft; ihr beherrscht das gut. Dadurch seid ihr flexibel, ihr könnt zwischendurch auch einfach mal locker und entspannt sein, wenn ihr es braucht, um dann wieder durchzustarten.

In Bose habe ich aber auch wunderschöne Erfahrungen gesammelt. Vor allem habe ich eine starke Beziehung zu Gott erlebt. Es ist eine Beziehung ohne hörbare Worte, eine Kommunikation, die übers Herz läuft, eine Erfahrung also, so möchte ich sagen, die viel mehr autistisch als neurotypisch ist.

Ich glaube, dass es Orte gibt, wo derart viele ernsthafte Gottsucher auf kleinem Raum zusammen sind, dass der

Himmel näher zu sein scheint. Dort ist es leichter, Gott zu begegnen. Nach einem Aufenthalt an einem solchen Ort sagen fast alle, dass sie nicht nur schöne, sondern spirituell wichtige Tage erlebt haben. Es ist, als wäre dank der intensiven, beständigen Suche nach Gott an diesen Orten der Heilige Geist in besonderer Weise am Werk. Bose ist für mich so ein Ort. Es ist auch ein Ort, wo jemand, der anders ist – so wie ich –, sich angenommen und ganz „drinnen" fühlt und genauso behandelt wird wie alle anderen – im vollen Wissen um die Unterschiedlichkeit. Ich kann euch nur empfehlen, mal einige Tage da zu verbringen, und wenn ihr hinfahrt, dann grüßt bitte Luciano, Marco, Alessia, Lara, Chiara, Silvie, Mathias und all die anderen Freundinnen und Freunde dieser Gemeinschaft von mir.

Humor

Eine Sache, über die sich die Neurotypischen immer wundern, ist mein Sinn für Humor und Ironie. Viele meinen, diese Eigenschaften seien bei Autisten unmöglich zu finden. Richtig ist, dass wir Autisten, sofern wir lachen können, über anderes lachen als ihr; aber auch eure Formen der Komik sind schön und erheiternd.

Ich habe einen dramatischen Hang, die Details in meiner Umgebung wahrzunehmen – und nicht das organische Ganze. Ihr Neurotypischen seht das Ganze, und wenn es nützlich ist, widmet ihr euch einem Detail. Ich glaube, dass diese Neigung euch die komischen Details der Wirklichkeit oft übersehen lässt, bis euch jemand anhand einer der typischen Strategien der Komik darauf aufmerksam macht, zum Beispiel mithilfe der Übertreibung.

Wer würde die meinem Vater innewohnende Komik bemerken, wenn er wieder einmal damit beschäftigt ist, mir zu helfen, wenn ich ihn nicht „meinen Butler" nennen würde? Das schmälert nicht den Wert dessen, was er tut, doch darüber zu lachen, gibt ihm eine menschlichere, familiärere Note und bringt ihn näher.

Die Ironie in dem, was andere sagen, kann ich erfassen, wenn es keine langen Reden sind. Sonst verliere ich mich ein wenig. Es hilft mir, die entsprechenden Formulierungen schriftlich vor mir zu haben und den Text dann vorgelesen zu bekommen, sodass sich der visuelle und der auditive „Kanal" verbinden: Dann verstehe ich die Sache. Anders gesagt: Ich glaube nicht, dass ich Probleme mit der Ironie als solcher habe, sondern ganz allgemein mit dem Verstehen des gesprochenen Wortes (das eben auch Ironie enthalten kann).

Ich stimme zu, dass Ironie bei Autisten selten anzutreffen ist, weder die Produktion ironischer Bemerkungen noch ihr Erfassen gehören zu ihren besonderen Qualitäten. Im Allgemeinen sind wir Autisten ja zunächst einmal damit beschäftigt, die Wörter und Sätze in ihrer unmittelbaren wörtlichen Bedeutung zu erfassen. Außerdem sind wir unfähig, uns zu verstellen, uns den anderen anders zu zeigen, als wir sind. Wir können das Bild von uns, das wir präsentieren, nicht entkoppeln von dem Bild, das wir selbst in unserem Innern von uns haben. Die Fähigkeit dazu kann auf unmoralische Weise eingesetzt werden, um zu täuschen, zu manipulieren, aber auch auf positive Weise, etwa in der Verdeutlichung der komischen Seite einer Sache. Das hat ein wenig von Theater: Es ist wie bei einem Schauspieler, der einfach in eine andere Rolle schlüpft. Ich kann das nicht.

Doch es gibt noch einen anderen, tieferen Grund für unsere häufigen Schwierigkeiten mit eurem Sinn für Komik.

In einer neuen Situation, auch wenn euch etwas bloß erzählt wird, seht ihr Neurotypischen wie gesagt erst einmal das Ganze, sodass ihr vor diesem Hintergrund einen Hinweis auf ein komisches Detail genüsslich aufnehmen könnt. Wie ihr inzwischen wisst, müssen wir Autisten erst einmal viele Details zusammensetzen, um etwas zu verstehen; hinzu kommt oft die Sorge, ob wir das schnell genug schaffen. Und dann ist da dieser Schwall von Wörtern, der sich wie ein dunkler Wasserfall ergießt, und all die nonverbalen Mitteilungen voller versteckter Bedeutungen ...

Wie dem auch sei, wenn ich drüber nachdenke, kann ich sagen: Eure Ironie habe ich verstanden, und sie gefällt mir. Gut gemacht, ihr Neurotypischen: Ihr habt den Humor erfunden! Manchmal gelingt es mir, ihn mir zu eigen zu machen und euch ein bisschen zu piesacken, und das ist eine tolle Sache!

Wenn das Herz
höher schlägt

Schon in der frühen Jugend habe ich mich wahnsinnig stark zum weiblichen Geschlecht hingezogen gefühlt, doch ich hatte keinerlei Strategie, eine Beziehung aufzunehmen – ein Problem, das ich ja wie erwähnt der gesamten Welt gegenüber hatte.

Mit den Jahren habe ich freilich gemerkt, dass „die weibliche Welt" zu mir eine besondere Beziehung hatte; vor allem die Mädchen in meinem Alter schienen eine besondere Empathiefähigkeit zu haben. Irgendwie verstanden sie, in welchem Gefängnis ich lebte und wie ich litt; sie spürten es in ihrem Herzen wie eine eigene Erfahrung.

Von den vielen Jungen, die meine Freunde sein wollten, habe ich mich wirklich akzeptiert und angenommen, auch verstanden gefühlt. Bei den Mädchen aber waren keine mentalen „Stufen des Verstehens" nötig: In ihrem Herzen fand ich meine Empfindungen und Gefühle wieder; es war ein großes Geschenk der Empathie. Viele von ihnen haben *vor* allem verstandesmäßigen Begreifen innerlich mitempfunden, was Autismus bedeutet: das Gefühl, eingesperrt zu sein, Einsamkeit, beiderseitige Unfähigkeit zu kommunzieren ... Die Jungen und die Mädchen haben mir ihre Freundschaft durchweg unterschiedlich gezeigt: Von den Jungen kam mehr Verständnis, Akzeptanz und Bereitschaft, miteinander das Leben „aufzuschlüsseln"; mehr Empathie habe ich seitens der Mädchen erfahren, die sich innerlich total auf mich einstellen konnten, ohne vorher alles Mögliche abwägen und bedenken zu müssen. Ich habe bei ihnen die Fähigkeit entdeckt, sich unmittelbar mit dem Herzen einzuschwingen in die tiefen Empfindungen des anderen, ihm zu begegnen in dem, was ihn existenziell ausmacht und bewegt.

In der Pubertät war ich wie die meisten auch mal so richtig verknallt. Aber nicht nur, dass meine Liebe nicht erwidert wurde: Hinzu kam das Leiden darunter, dass ich zu derjenigen, die ich liebte, praktisch gar keine Beziehung aufnehmen konnte. Meine Möglichkeiten waren total begrenzt, nicht immer war mein Verhalten zu verstehen, und manchmal war es wohl auch beunruhigend.

Ich glaube, man könnte es mit einem Verliebten vergleichen, der in seiner Gefängniszelle eingeschlossen ist, während die geliebte Frau draußen in Freiheit ist. Er weiß nicht, wo sie gerade ist, was sie macht, was sie bewegt, ob sie glücklich oder traurig ist. Er ist von ihrem Leben abgeschnitten.

Ganz allmählich hat die mehrfache Erfahrung, dass eine solche Liebe keine Perspektive hat, mich zu der Überzeugung geführt, dass ich eine Autistin suchen sollte, um mit ihr eine Beziehung aufzubauen. Doch das ist gar nicht so leicht. Asperger-Frauen sind für mich, was ihre Interessen und Kommunikationsformen angeht, euch Neurotypischen zu ähnlich. Und meine besondere Form von Autismus gibt es unter Frauen seltener; außerdem sind die kognitiven Fähigkeiten oft stark eingeschränkt, sodass die Verschlossenheit nochmals größer ist. Und wenn ich einmal eine Frau treffe, deren Autismus in allem dem meinen gleicht: Wie können wir den Rahmen schaffen, dass wir uns wirklich tiefer kennenlernen? Bevor man einen Weg miteinander beginnt, muss man ja spüren, ob man einander wirklich wichtig ist, ob man harmoniert.

Die Kommunikation gilt als Fundament jeder Beziehung. Aber könnte es in einer Kommunikationswüste ohne verbalen Austausch nicht doch eine Beziehung zwischen zwei Menschen geben, wenn sie im Herzen dasselbe empfinden? Eine Beziehung, in der das Ungesagte so zusammenklingt, dass die beiden miteinander den Weg durchs Leben gehen können? Wer weiß.

Ein wenig tröstet mich die Beobachtung, dass ich mich in guter Gesellschaft befinde. In eurer neurotypischen Welt gibt es jede Menge Kinofilme, in denen es um die Liebe zwischen Mann und Frau geht. Ich denke, schon das zeigt, wie groß die Sehnsucht vieler ist – und wie schwer ihre Erfüllung. Und dann ist auch noch die Frage, ob die Liebe hält.

Die Menschen von heute scheinen mir oft so sehr auf sich selber fixiert zu sein, dass es ihnen gar nicht wichtig ist, den anderen tiefer kennenzulernen. Viele Beziehungen kommen mir sehr banal vor. Es fehlt das Staunen. Und die wenigen, die sich wirklich füreinander öffnen und sich richtig ineinander verlieben, sind sich oft nicht bewusst, dass die Liebe wachsen muss. Manchmal wird der andere gleich „verschlungen" wie ein Glas Nutella. Das Verlangen nach Liebe wird auf die sexuelle Dimension reduziert, die wie eine Droge werden kann und das Fehlen echter Liebe wettmachen soll. Mir kommt ein Vergleich: Sex und Liebe verhalten sich zueinander etwa so wie eine Badewanne und das Meer. Fast alle haben wir daheim eine Badewanne, in der wir an einem glühend heißen Tag ein kühles Bad nehmen können. Warum gehen wir trotzdem zum Baden ans Meer? Vielleicht, weil wir den Sand, die Sonne, den Himmel, das Meer, diese unendlichen Weiten lieben, weil es uns Menschen entspricht und gut tut, darin einzutauchen. Viel mehr, als bloß in der Badewanne zu liegen und die Fliesen an der Wand zu betrachten. Klar, zur Liebe zwischen Mann und Frau gehört auch die sexuelle Beziehung. Aber sie ist eingebettet in einen Kontext, dessen Dimensionen unendlich sind wie das Meer, gefühlsmäßig wie existenziell.

Zurück zu mir: Ich werde in meinem Leben weiter meine Liebe suchen, eine Liebe, die ich noch nicht kennengelernt habe, eine Liebe, in der wir – in einer äußeren „kommunikativen Wüste" – immer mehr zu einem inneren Gleichklang finden. Manchmal denke ich, dass es eine solche Liebe nur in meinen Träumen gibt. Aber sind es nicht die Träume, die Geschichte machen? Die wenigen, die im Lauf der Geschichte der Versuchung widerstanden haben, ihre Träume aufzugeben, haben den Lauf der Dinge verändert. Ja, einige haben es geschafft. Sicher erinnert ihr euch an Martin Luther King und seine berühmte Rede; an einem bestimmten Punkt lief sein Herz über und er sagte: „Ich habe einen Traum!" Die Herzen Tausender, die dabei waren, bebten, und sein Traum wurde zu einer Prophezeiung. Er musste es einfach sagen, denn er lebte für seinen Traum und ließ sich von ihm leiten.

Leider geben viele Menschen ihre Träume auf und begnügen sich mit dem alten Trott. In meinem Leben hat das Träumen schon Wunder gewirkt: Ich, ein Autist, der nicht sprechen kann, bin dabei, ein Buch zu schreiben und mit vielen Menschen zu kommunizieren.

Wenn der erste Traum unter Dach und Fach ist, kann die Arbeit an der Verwirklichung des nächsten beginnen. Es ist der Traum von der Liebe eines Autisten. Ich glaube, dass für einen Menschen, der sich von seinen Träumen ergreifen lässt, nichts unmöglich sein muss. Klar, nichts ist sicher. Aber es ist auch nichts unmöglich. Vielleicht hat noch nie einer dies oder jenes geschafft; doch wenn es im Prinzip trotzdem möglich ist, dann ist es umso wichtiger, dass einer es mal angeht. Eine Vorstellung, wie die Liebe eines Autisten aussehen könnte, habe ich jedenfalls.

Alle Neurotypischen, die ich treffe, reden mir zu, setzen auf meine spärlichen Fähigkeiten, dem gesprochenen Wort zu folgen, und manchmal scheinen sie wie getrieben zu sein, die „Leere des Schweigens" mit dem Lärm ihres Sprechens zu füllen. Das ist der Knackpunkt. Dass Schweigen kommunikative Leere sei (oder ein Mangel an Leben), das ist ein unbegründetes Hirngespinst, eine völlig überflüssige Sorge.

In Wahrheit wimmelt es im Schweigen zwischen zwei Menschen nur so von kleinen Elementen nonverbaler Kommunikation, die ich als spirituell bezeichnen würde. Mir ist das bei den Wanderungen in den Bergen aufgegangen, die ich mit meinem Vater gemacht habe. Er weiß, wie anstrengend das Reden für mich ist, und hat geschwiegen wie ein Autist. So sind wir stundenlang schweigend gewandert, umgeben von der Natur, mal vor einem grandiosen Panorama, mal im Wald; mal hintereinander, mal nebeneinander, je nachdem, wie es der Weg erlaubte. Am Anfang schien das Schweigen uns zu trennen; jeder schien ganz für sich zu gehen. Doch das war nur der vordergründige äußere Ausgangspunkt; denn bald begannen wir zu verstehen, dass das, was ich beim Anblick der Schönheit der Natur empfand, mein Vater auch in sich verspürte. Es war nicht einfach so, dass wir beide die gleiche Empfindung hatten; vielmehr war es eine *einzige* Empfindung, und das ist noch mal etwas anderes. Wir sind eingetreten in die Dimension wirklicher Empathie.

Zurück zu Hause, hatte ich das gute Gefühl, dass mein Verlangen nach Kommunikation befriedigt war. Und dies ganz ohne das krampfhafte Bemühen, für unsere Empfindungen Worte zu suchen. Wir hatten eine Art Beziehung gelebt, die ein wenig dem Gebet ähnelte. Gott gegenüber haben wir ja gar keine andere Möglichkeit, als eine spirituelle Beziehung zu suchen; denn Gott spricht weder hörbare Worte, noch ist er für unsere Augen sichtbar. Auch mit einem Menschen, der an unserer Seite arbeitet und lebt, können wir einen schweigenden Einklang des Herzens und vielleicht auch des Blickes finden. Auch zwischen uns kann eine solche spirituelle Beziehung wachsen, die so zart ist, dass sie im Lärm der Worte zerbrechen würde. Mit der Zeit nimmt man den anderen von innen her wahr, man ist in tiefem inneren Frieden, ganz im Einklang miteinander.

Womöglich ist es etwas gewagt, eine solche Beziehung als eine Art Gebet zu bezeichnen, da Beten natürlich noch anderes beinhaltet als die Suche nach einer inneren, spirituellen Beziehung. Aber ich würde sagen, dass die oben beschriebene tiefe Beziehung zu einem anderen Menschen ein wenig ist, als würde man wechselseitig in einer Dimension des Gebetes leben.

Um zum Thema Frauen zurückzukehren: Kann ein Paar von Autisten ein gemeinsames Leben fast ohne Worte, aber in einer Liebe führen, die sich aus einer inneren Übereinstimmung nährt und im Schweigen wächst? Wer weiß.

Das Leben ist voller solcher „Wer weiß …" Aber wir können es mit einem Lächeln sagen, zwischen einem Funken Hoffnung und ein klein wenig Vertrauen.

Auch die Schule
will gelernt sein

Die letzten Schuljahre, die in der Oberstufe, waren eine wunderbare Erfahrung; meine Abiturklasse hat den „Premio Nazionale della Bontà" [eine nationale Auszeichnung für vorbildliches Verhalten] bekommen – für die gelungene Integration eines Autisten. An der Preisverleihung im Kapitol haben wir alle zusammen teilgenommen. Wir wurden sogar von einem Fernsehsender eingeladen und sollten von unserer Erfahrung berichten.

Dieser glorreiche Abschluss von fünf Jahren an dieser Schule war allerdings nicht das Ergebnis einer linearen Entwicklung. Es gab echte Krisen, Stillstand und Rückschläge, unerwartete Schwierigkeiten, in denen Geduld verlangt war, um zu verstehen, wie es weitergehen könnte. Wesentlich war wieder die Liebe vieler, seitens meiner Familie, meiner Klassenkameraden, einiger Lehrer und anderer. Sie haben sich unermüdlich für mich eingesetzt, als sich zeitweise schier unüberwindliche Probleme vor mir auftürmten, und sie waren fest entschlossen, nicht aufzugeben. Wie gesagt, hatte ich mich für das naturwissenschaftliche Gymnasium entschieden – gegen den Willen meiner Eltern und der Experten, die sie zu Rate gezogen hatten. Alle meinten, dass ein weniger anstrengender Schulzweig besser für mich wäre. An einem Septembertag bin ich mit Mutter und Vater zum Einkaufen des Rucksacks (anstelle einer Schultasche), der Stifte und Hefte gegangen. Und wenige Tage später befand ich mich inmitten einer riesigen, lärmenden Schülerschar wieder, die darauf wartete, dass der Gong als Startsignal für diese neue Etappe ertönte. Eingetaucht zu sein in eine so große Menge von Menschen, die sich alle auf ihre Weise bewegten, in einer lauten Umgebung voller Geräusche und Eindrücke, das ist für viele Autisten das Dramatischste, was man sich vorstellen kann. Für mich jedenfalls war es schrecklich. Außerdem war ich ganz nervös, weil ich nicht wusste, was auf mich zukommen würde, wenn ich die Glastür der Schule durchschritten hätte. Wie viele Dinge wären für meine Mitschüler auf Anhieb klar, von denen ich womöglich gar nichts verstünde? Ich war mir sicher, dass ich viele Situationen erst einmal *nicht* begreifen würde. Später würde ich schon verstehen, wie ich mich verhalten könnte, aber jetzt ...

Zum Glück hatte meine Mutter gut vorgesorgt. Sie hatte diejenigen, mit denen ich in Kontakt kam, über meinen Autismus aufgeklärt, sodass ich gut aufgenommen wurde. Iolanda, meine Italienischlehrerin in den ersten beiden Jahren, bei der ich die meisten Stunden hatte, empfing mich sehr warmherzig. Ich hatte den Eindruck, dass sie demjenigen besonders viel Aufmerksamkeit und Zuwendung schenken wollte, der es am meisten brauchte. Und das war ich. Wenn ich nicht so viele Schwierigkeiten gehabt hätte, wäre es ein anderer gewesen. Hinter ihrem Engagement steckte der tiefe Wunsch nach Gerechtigkeit.

Mein Schulleben nahm allmählich Gestalt an. Ich versuchte gut zuzuhören und das neurotypische Wissen aufzunehmen. Ich fand es nicht allzu schwer, es zu verstehen und mir zu merken. Leicht tat ich mich, wenn der Stoff langsam und systematisch entfaltet wurde. Als negativ könnte ich vermerken, dass es kaum einmal überraschende Wendungen gab: Man folgte den vorgegebenen Linien, ohne mal Nebengleise zu betreten. Dabei gibt es doch auch das Absurde, und auch das Mysterium: Im Leben spielen sie eine wichtige Rolle, wenn wir genauer und ohne innere Barrieren hinschauen. In der Schule aber bin ich diesen Dimensionen praktisch nicht begegnet.

Die neurotypische höhere Schule kommt mir ein wenig vor wie eine gigantische Dressuranstalt, in der den Schülerinnen und Schülern beigebracht wird, was Menschen in den verschiedenen Wissensbereichen entdeckt oder hervorgebracht haben. Mir scheint, dass man getrimmt wird, das aktuelle Wissen aufzunehmen, während die Unternehmungslust, die Autonomie, das Suchen, die Intuition abgetötet werden.

Dennoch bin ich nicht unglücklich, dass ich auf dieser Schule war. Jetzt kann ich Latein, weiß viel von Geschichte und Philosophie, von chemischen und physikalischen Gesetzen und so weiter. Wenn ich das nicht wüsste, wäre mein

Horizont begrenzter; in der Schule habe ich viel dazugelernt. Aber fünf Jahre lang Lehrplänen zu folgen, über die andere entschieden haben, und von anderen geführt zu werden – schadet das nicht der Fähigkeit, selber zu bestimmen und Entscheidungen zu treffen, die fürs Leben wichtig sind? Gaius Julius Cäsar hat keinen Kurs besucht, um zu werden, was er war. Er hat analysiert, geurteilt, seine Entscheidungen gefällt und gehandelt. Dazu werden nach meinem Eindruck die Schüler nicht angeregt; meistens müssen sie den Gedanken, den Methoden und Entscheidungen ihrer Lehrer folgen. In der Schule geschieht eine Art Vermassung; die Schüler werden gedrängt, wie Herdentiere ihren Lehrern zu folgen, und wer weiß, ob sie es nach ihrem Abschluss schaffen, eine gewisse Selbstständigkeit wiederzuerlangen, die in all den Jahren in der Schule so wenig gefördert wurde.

In der Schule habe ich viel mit dem Notebook gearbeitet und gelernt, meine Antworten auf die Fragen habe ich eingetippt. Zu Hause bekam ich viel Unterstützung, und so haben sich auch meine Noten verbessert; hin und wieder bekam ich fünf Punkte [„nicht genügend"], oft sechs oder sieben [„genügend" bzw. „zufriedenstellend"], auch schon mal acht [„gut"].

Probleme hatte ich weniger mit dem Lernen an sich, sondern mehr damit, wie die Schule organisiert war, mit den Zeiten und Methoden. Vielleicht entsprechen diese eher den neurotypischen Schülern, wobei auch sie darüber klagten. Wie soll man auch stundenlang still sitzen und dabei einer Person zuhören, die die meiste Zeit spricht? Für meine

Klassenkameraden war das schwierig, für mich war es einfach unmöglich. Und dann dieser stündliche komplette Wechsel: immer wieder ein anderes Fach, ein anderer Lehrer – für mich war das wie ein dauerndes emotionales Unwetter. Und ich könnte noch mehr Dinge nennen ...

Die Reaktion auf meine Probleme war der Versuch, mein Verhalten zu „normalisieren"; die Schule ist ja eine Institution, und da haben sich die Menschen einzufügen und anzupassen. Ich muss aber auch sagen, dass man die dort möglichen Spielräume genutzt hat, um mir zu helfen; doch den Autisten, die künftig in die Schule kommen, wäre zu wünschen, dass sie auf eine größere Flexibilität stoßen. Die Unterrichtsziele scheinen unabänderlich zu sein, aber der Weg, sie zu erreichen, sollte maximal flexibel sein, was nicht nur den Autisten, sondern allen zugute käme, die in irgendeiner Weise „anders" sind.

Dass ich meinen Schulabschluss geschafft habe, liegt nicht etwa nur an meinen Fähigkeiten und meinem Einsatz, sondern auch an Menschen wie meinen Eltern, die mir in den Jahren vor dem Abitur viel Mut gemacht und mir beim Lernen geholfen haben, auch am Wochenende. Tante Lia, eine Schwester meines Vaters, hat die Mathe-Lektionen für den PC aufbereitet, was mir sehr viel mehr entsprach, als aus Büchern zu lernen. An jeden Einzelnen, der mir geholfen hat, erinnere ich mich gern und mit großer Dankbarkeit.

In der Schule war Frederica, die mir zur Seite gestellte Lehrerin, für mich am wichtigsten. Sie hat mehr getan, als sie eigentlich hätte tun müssen. Sie hat den anderen in der Schule etwas über meinen Autismus erzählt, damit sie mich besser verstehen konnten, stand ständig im Kontakt mit meinen Lehrern und war auch meine Vertrauensperson, an die ich mich immer wenden konnte, und wenn ich wütend oder frustriert war, hat sie mir geholfen. Ich denke auch an die schönen und sehr nützlichen Vormittage, die ich mit der Assistentin Marina verbrachte; wir haben einander richtig ins Herz geschlossen.

Entscheidend für meine Integration war allerdings meine Klasse. Meine Klassenkameraden sind nie stehengeblieben bei der Irritation über mein manchmal beunruhigendes Verhalten; sie waren mit viel Einsatz immer für mich da. Auch viele Lehrer und andere in der Schule Tätige haben mir ihre Freundschaft angeboten.

Ich höre immer wieder traurige Geschichten von Autisten, die in der Schule „geparkt" werden. Sie werden da regelrecht abgestellt, manchmal gar verspottet oder dumm angemacht. Wer weiß, wie viele von ihnen es gut gepackt hätten, wenn man sie so unterstützt hätte, wie ich es erlebt habe.

Im Dunkeln

Mein Leben ließe sich beschreiben als eine lange Flucht aus dem Unverständlichen, als Versuch, Tag für Tag Fragmente mit einer Bedeutung herauszuziehen und diese wiederum zu kleinen verständlichen Teilen zusammenzusetzen – mit dem Ziel, ein wenig mehr am Leben teilzuhaben und nicht wie ein Wrack im Spiel der Wellen hin und her getrieben zu werden.

Heute begreife ich viel von dem, was um mich herum geschieht, und ich habe mein Leben zu einem guten Teil in der Hand wie ihr. Ich habe verschiedene Gruppen von Freunden, mache Hallensport und habe Percussion-Unterricht. Ich sehe die Fortschritte, und doch sitzt tief in mir die Angst vor dieser unförmigen Magma der Unverständlichkeit, aus der ich komme. Es ist wie ein unauslöschliches Urtrauma.

In meiner Kindheit zeigte sich diese beklemmende Angst zum Beispiel in Form einer emotionalen Krise, die mich

mitten auf der Straße packte, wenn wir zurückgehen sollten. Meine Eltern haben gelernt, dass wir bei einem Spaziergang nie umdrehen durften, sondern einen anderen Weg
zum Ausgangspunkt nehmen mussten. Sonst hätte ich
mich auf den Boden geworfen und angefangen, zu weinen
und zu schreien. Ich kam aus dem Gefängnis einer unverständlichen Welt, und es konnte nur eine Richtung für
mich geben: hinaus, immer weiter voran, dem Leben entge-
gen. Zurückkehren? Absolut unmöglich! Jede Rückkehr,
auch während der schönsten Spaziergänge, hatte für mich
eine schreckliche, unerträgliche symbolische Bedeutung.
Nur ganz langsam und mit großer Mühe habe ich gelernt,
auch einmal einen Weg zurück zu gehen; heute, da ich groß
bin, ist es kein Problem mehr für mich.

Das Trauma aber, das ich beschrieben habe, sitzt immer
noch tief. Ich glaube, es wird schwierig sein, mich ganz davon freizumachen. Praktikabler ist wohl das Bemühen, mir
jeden Tag ein neues kleines Stück unbeschwerten Zusam-
menlebens zu erobern.

Meine größte Sorge ist heute, dass eines Tages irgendetwas passieren könnte, vordergründig vielleicht etwas Be-
langloses, das aber tiefe Spuren hinterlässt, etwas, das diesen langen Prozess des Verstehens und Leben-Könnens in
dieser Welt anhält, ja umkehrt; etwas, das mich wie ein
Strudel hinunterzieht, zurück in das Gefängnis meiner Vergangenheit.

Ihr werdet vielleicht sagen, dass diese Angst unbegründet
ist, und höchstwahrscheinlich habt ihr auch recht. Aber be-
denkt, dass diese Form von Autismus eine dunkle Welt ist,

die zum Teil noch gar nicht erforscht ist, was sich schon daran zeigt, dass die Wissenschaftler immer noch nichts Genaues über die Ursachen wissen. Es hat Fälle gegeben, in denen Autisten wieder große Rückschritte gemacht haben, nachdem sie ein wenig autonomer geworden waren; keiner weiß, warum das bei ihnen so war und warum bei anderen nicht. Keiner weiß, warum einige Autisten so intelligent sind, und andere, soweit man das beurteilen kann, nicht. Keiner weiß, warum einige sich so gut weiterentwickeln und andere trotz aller Bemühungen nicht aus dem Gefängnis ihrer Isolation herauskommen.

Da so vieles nebulös ist, fürchte ich manchmal, dass eines Tages das alte Gefängnis der Angst wieder auftaucht; dass es mich wieder in den Sumpf des Unverständlichen hineinziehen könnte.

Deswegen werde ich so wütend, wenn jemand eine Floskel wie ein einfaches „Danke!" verwendet, womit ich nicht klarkomme, oder wenn die Beziehungsintensität abnimmt und ich die Verbindung zum Sprechenden verliere. Ich werde wütend, weil ich euch nach diesem langen Weg, euch zu verstehen, nicht wieder verlieren will!

Ich werde wütend, wenn ich mich in einer bestimmten Situation falsch benehme und jemand mir zu verstehen gibt, dass ich etwas nicht begriffen habe. Alles darf passieren, nur nicht wieder diese Erfahrung, keinen Haltepunkt, keine Verbindung mit der Realität zu finden.

All das habe ich deshalb notiert, weil ich euch verdeutlichen möchte, dass der Autismus nicht nur eine bestimmte Situation ist, mit der einer zurechtzukommen hat. Er ist etwas Traumatisches. Jede Einschränkung unserer Fähigkeit, mit der Wirklichkeit zurechtzukommen, schneidet uns vom Leben ab und kann Todesängste in einem hervorrufen.

Ein Autist braucht deshalb viel Ermutigung, um nicht der schrecklichen Angst zu verfallen, die der Autismus einem einflößen kann. Ich glaube, man kann sich gar nicht vorstellen, von welchen Ängsten jemand gepackt wird, der nie erlebt hat, dass er zumindest ein Stück weit aus dem Gefangensein im Unverständlichen herauskommen kann. Es wundert mich nicht, dass einige bei der kleinsten Berührung vor Angst zu schreien beginnen. Vielleicht verstehen sie nicht, *warum* in ihnen die Empfindung einer Berührung auftaucht, warum aus dem Magma der äußeren Welt in diesem Augenblick ein Eindruck auf sie zukommt, der vorher nicht da war. Wenn die Dinge, die wir nicht verstehen, uns schon im Allgemeinen Angst machen, dann ist es leicht zu verstehen, dass jemand, der praktisch nichts versteht, dazu neigt, in einem Zustand permanenter Panik zu leben.

Was ich hier ausgeführt habe, gilt natürlich nicht nur für Autisten. Wohl jeder Mensch, der mit einer ihn einschränkenden Unterschiedlichkeit lebt, kennt auch das dadurch verursachte Trauma. Leider wird man durch jede Art von Diskriminierung, auch durch eine noch so gut getarnte Ausgrenzung, die einem widerfährt, an dieses Trauma erinnert: Es wird sofort wieder lebendig.

Wir können den Bogen noch weiter spannen; denn eigentlich geht es nicht nur den Menschen mit irgendeiner

Einschränkung oder Behinderung so, sondern *jedem* Menschen. Ich glaube nämlich nicht, dass es irgendjemanden gibt, der in seiner Lebensgeschichte nicht irgendetwas Schmerzliches erlebt hätte, zum Beispiel eine Beschränkung seiner zukünftigen Möglichkeiten oder Hoffnungen, die er vielleicht nicht einmal bewusst wahrgenommen hat.

Auch in diesem Zusammenhang möche ich, wie öfter in meinem Buch, einladen, die strengen Unterteilungen in Gesunde und Kranke, „Normale" und Menschen mit einer Behinderung zu überwinden. Wir sind alle ein bisschen krank – und wenn es sich nur um gelegentliche Kopfschmerzen handelt. Wir haben alle die eine oder andere Behinderung, die eine oder andere Einschränkung – und wäre es nur, dass wir wegen unseres Rückens keine Stunde stehen können. Kurz, wir sollten Krankheiten oder Einschränkungen nicht als feste Kategorien begreifen, sondern als Teil unseres Menschseins, das in unterschiedlichen Formen und Graden zu jedem Menschen gehört. Das Schubladendenken entspricht nicht der Wirklichkeit, die diffus, dynamisch und abgestuft ist; wir sollten es also lassen. Dann werden wir auch nicht mehr die eigenen tiefen Ängste auf einen Pechvogel projizieren, der uns über den Weg läuft.

Zurück zu meinen Ängsten als Autist. Ein wichtiges Element ist die Angst vor der Zukunft, die so voller Ungewissheiten ist. Alle Menschen kennen diese Furcht; denn keiner weiß, ob die materielle Sicherheit und die innere Befindlichkeit von heute nicht morgen schon passé sind; man kann sich alle möglichen Nöte und Verluste ausmalen. Bei mir ist die Sache wegen meiner eingeschränkten Autonomie und des Angewiesenseins auf organisatorische und praktische Hilfe noch vertrackter.

Zum Glück sind meine Eltern, die inzwischen über 50 sind, bei bester Gesundheit; sie wirken jugendlich und dynamisch. Aber es wird der Tag kommen, an dem man merkt, dass sie älter werden und mich nicht mehr so unterstützen können. Werde ich dann so selbständig sein, dass ich trotzdem zurechtkomme? Werden andere bereit sein, mir zu helfen? Werden sie es so gut können, wie meine Eltern es bis jetzt getan haben?

Davon, wie die Antwort auf solche Fragen ausfällt, hängt zu einem großen Teil meine Zukunft ab. Diese Fragen haben bei mir ja mehr Gewicht als bei meinen neurotypischen Altersgenossen. Aber für uns alle gilt: Wir müssen versuchen, die Herausforderung zu akzeptieren, die in jeder Zukunft liegt, und dem unbekannten Morgen entgegengehen – im Wissen, dass wir auf wenige Sicherheiten bauen können. Vielleicht liegt gerade in dieser extremen existenziellen Zerbrechlichkeit, die uns alle verbindet, die verborgene Schönheit unseres Menschseins.

Warum?

Warum ausgerechnet ich? Warum wurde ich als Autist geboren? Warum kann ich nicht so sein wie ihr? Auch mit Zwanzig habe ich darauf noch keine Antwort gefunden, und ich glaube nicht, dass ich jemals eine finden werde, jedenfalls nicht in diesem Leben. Eines aber habe ich verstanden: Nicht nur ich habe diese Frage. Sie kommt wohl jedem einmal. Sehr viele von uns fragen sich: „Warum gerade ich?" Zum Beispiel, wenn die Ehe gescheitert ist. Wenn Streitigkeiten die Familie gespalten haben. Wenn jemand arbeitslos geworden ist. Wenn einer gesundheitlich angeschlagen ist. Wenn plötzlich ein lieber Mensch fehlt. Man könnte so fortfahren; denn jedem Menschen stellt das Leben seine eigene unbeantwortete Frage.

Ich weiß nicht, was meinen Autismus verursacht hat, auch die Wissenschaftler wissen es nicht. Doch dass ich jetzt dieses Buch schreiben kann, lässt meinen Autismus zumindest zu etwas gut sein: Ich kann anderen etwas davon nahebringen, was es heißt, Autist zu sein. Und wenn die Lektüre auch nur einem Menschen innerlich gut getan hat oder ihm geholfen hat, einem der vielen positiv zu begegnen, die unter ihrem Anderssein leiden, dann ist eine erste kleine Antwort schon mal gefunden.

Das Schreiben hat meinem Autismus das Gewand des Absurden genommen; ich habe eine Perspektive gefunden, eine Perspektive für *mich*. Wir können das Leben immer nach dem Wozu eines Unglücks oder einer Schwierigkeit befragen. Denn hinter der verständlichen Frage nach dem Warum verbirgt sich die Frage, welche Bedeutung, welchen Sinn etwas haben kann. Ich bin aufgefordert, das zu erkennen und ein Ziel ins Auge zu fassen. Und exakt an diesem Punkt ist das blinde Schicksal bezwungen. Das Menschliche siegt, egal, wie begrenzt es ist; sogar im Leiden.

Anhang

Woran ich glaube

Notizen und Reflexionen

Die folgenden Texte geben einen Einblick in das, was ich in den letzten Jahren über das Leben und über religiöse Themen geschrieben habe. Sie beginnen mit einigen Aufzeichnungen, die ich während der Treffen meiner Jugendgruppe in der Pfarrei geschrieben habe; es folgen Gespräche [via Notebook] und Gedanken während meines Aufenthalts in der monastischen Gemeinschaft von Bose, und am Ende möchte ich euch an einigen längeren Reflexionen zu dem einen oder anderen Thema teilhaben lassen.

Oft geht es dabei um meine Gottsuche, die in einen christlichen Kontext eingebettet ist, genauer: den der katholischen Kirche, doch ich wünsche mir, dass sich beim Lesen keiner ausgeschlossen fühlt, weder andere Christen noch Angehörige anderer Religionen, weder Atheisten noch Agnostiker. Seht, ich kann nicht universal sein. Ich schreibe von einem persönlichen Lebensweg, von *meinem* Weg. Jeder Mensch hat seinen eigenen Weg. Manche sind mehr oder weniger ähnlich, andere verlaufen völlig anders. Doch ich möchte meine persönliche Erfahrung, auch wenn sie in verschiedenen Punkten nicht von allen geteilt werden kann, jedem Menschen anbieten, ohne einen auszuschließen, und ich hoffe, dass alle sie aufnehmen können, auch wenn nicht alle sie teilen können.

Ich glaube, dass wir die Zäune zwischen den Gläubigen verschiedener christlicher Konfessionen einreißen und die Gräben zwischen Angehörigen verschiedener Religionen überwinden müssen; auch das Misstrauen, das Gläubige und Atheisten trennt, sollte Vergangenheit sein.

In diesem Buch habe ich oft davon gesprochen, wie notwendig die Integration von Menschen ist, die anders sind. Dieser Prozess wird erst dann gelingen, wenn wir bereit sind, unterschiedslos jeden Menschen in seiner Eigenheit zu akzeptieren und ihm mit offenem Herzen zu begegnen. Je weiter weg sich eine Leserin oder ein Leser von meinen Überzeugungen fühlt, desto mehr möchte ich ihr bzw. ihm sagen: Du bist mir willkommen.

Ich kann nur hoffen, dass alle Leserinnen und Leser dieses Buches auch die folgenden Seiten lesen, weil sie mir persönlich sehr viel bedeuten. Niemand will euch von irgendetwas überzeugen. Ich will euch nur meine innersten Reflexionen schenken und hoffe, dass sie aufgenommen werden können.

Federico

ARMUT

25.1.2010

Ich denke, dass Armut etwas Schreckliches ist: Es ist furchtbar, wenn das fehlt, was man für ein menschenwürdiges Leben braucht. Die Armut ist aber eine schöne Sache, wenn jemand zu materiellen Dingen auf Abstand geht, damit er freier ist, um lieben zu können.

Wer frei ist und nicht an den Dingen klebt, der kann lieben. Wenn ich das Glück im Besitz irgendwelcher Dinge suche, dann kann ich es nicht darin finden, dass ich mich anderen schenke. Jeder wählt selbst die Richtung, in der er sich verwirklichen will.

Ich bin überzeugt, dass ich im Besitzen schöner, teurer Dinge manche Befriedigungen finden kann, aber das Glück ist etwas anderes. Glücklich wird man, wenn man beginnt zu lieben und sich nicht mehr nur um sich selbst dreht, damit man ein Geschenk für die anderen sein kann.

EUCHARISTIE

21.3.2010

Mehl und Wasser sind Gaben Gottes, die durch unsere Arbeit zu Brot werden. Wir teilen das Brot; wir schenken es Gott, bieten es ihm an. Jesus verwandelt das Brot in sich selbst, und wer es isst, der wird zu Jesus, auch wenn er „er selber" bleibt. Indem Jesus sich von uns essen lässt, erneuert er hier und heute für uns sein Sich-selber-Schenken.

Und ich, ich spüre, wenn ich die Kommunion empfange, dass ich in eine Beziehung mit Gott eintrete, und ich finde Frieden im Herzen.

KARWOCHE

Palmsonntag: Jesus zieht unter dem Jubel der Menge in Jerusalem ein. Die Liebe der Menschen zu ihm ist oberflächlich und bald vorbei.

Donnerstag: Jesus spürt die Last seines baldigen Endes und versammelt seine besten Freunde zum Abendessen. Er schenkt ihnen die Eucharistie, seine Gegenwart in dieser Welt für immer. Er leidet, er betet, er bleibt allein in Getsemani.

Freitag: Die Menge und das blinde Urteil der Menschen machen ihm den Prozess. Er gibt sein Leben für uns.

Sonntag: Er ist der erste Mensch, der von Gott auferweckt wird.

Ich möchte wissen, warum sich Jesus am Kreuz von Gott verlassen fühlte, bevor er starb.

Mit seinem Leiden erreicht Jesus jeden Menschen, der leidet. Da ist er uns nah, er liebt uns und leidet mit uns. Er ist gekommen, um uns in unserem Schmerz zu suchen.

DIE RELIGIONEN

Das menschliche Wesen kann nicht akzeptieren, dass das ganze Leben mit allem, was dazu gehört, einfach im Nichts endet.

Warum gibt es dann unterschiedliche Religionen, wenn die Bedürfnisse der Menschen universal, bei allen gleich sind? Das sind Fragen, die uns übersteigen, doch früher oder später sind wir gezwungen, sie anzugehen. Antworten kann man in jeder Religion suchen.

Die Religion ist ein Mittel, ein Werkzeug. Das Ziel ist die Suche nach Gott. Ein Hindu sucht ihn wie ich. Gott lässt sich ganz langsam finden von dem, der ihn ehrlich sucht.

MEINE BEZIEHUNG ZU GOTT

17.5.2010

In manchen Momenten fühle ich Gott nah, in anderen fühle ich mich allein und unfähig, seine Nähe wahrzunehmen. Es gefällt mir, dass Jesus gekommen ist, um mich zu suchen. Ich bin ihm also wichtig. Wenn er am Kreuz schreit: „Warum hast du mich verlassen?", ist er ganz Mensch wie ich.

Wer liebt, nimmt teil am Leben Gottes, der die Liebe ist. Den anderen dienen und einander lieben, das ist ein Weg zu Gott.

DER VERLORENE SOHN

24.5.2010

Ich verstehe auch den Sohn, der Freiheit will [vgl. Lk 15,11–32]. Manchmal, nach einem Gefühl der Leere, spüre ich, dass ich Gott gehöre.

CHRISTSEIN

18.10.2010

Christsein ist ein Ziel.

Die persönliche Entscheidung, sich für die Liebe Gottes zu öffnen, verbindet schon viele: Man hört eine Musik und tanzt mit!

WENN ICH FÜNUNDZWANZIG BIN

6.12.2010

Mit 25 werde ich einen Sportwagen, und zwar ein Cabrio, haben. An schönen Sonnentagen lasse ich mir beim Fahren den Wind ins Gesicht blasen. Dann parke ich bei der Kirche San Frumenzio und gebe einer Gruppe autistischer Kinder Katechismusunterricht. In der Kirche sind nie Autisten, ich bin der einzige – und ich möchte der erste von vielen sein.

Dann werde ich gelernt haben, Beziehungen aufzubauen und ein bisschen besser zu sprechen, und wir werden alle immer noch zusammen sein. Wir werden eine schöne Gruppe mit tiefen Beziehungen und einer gemeinsamen Geschichte sein: der Geschichte einer Freundschaft.

Und wir werden zusammen Essen gehen.

GLAUBE UND FREUNDSCHAFT

28.12.2010

Was ist der Glaube für mich?
Glaube, das heißt an Gott glauben und in einer Beziehung mit ihm leben.

Ich tue mich schwer, an Gott zu glauben, denn ich bin Autist und tue mich sehr schwer zu leben und verstehe nicht warum. Es tut mir leid, ich möchte mich bei euch entschuldigen, dass ich so etwas Trauriges schreibe. Ich bin auch nicht fähig, das Angebot der Freundschaft zu erwidern, und vor lauter Angst und Aufregung behandle ich dann auch noch die Freunde, die ich so gern habe, schlecht, so wie es passiert ist, bevor wir hier heraufgekommen sind [in den Gruppenraum].

Am Ende des Treffens der Jugendgruppe schreibt Gabriel Federico, und dieser antwortet.

Gabriel: „Danke für das, was du geschrieben hast. Mir gibt das immer wieder Klarheit. Ich glaube, dass unsere Beziehung viel tiefer geworden ist, seit wir uns das erste Mal gesehen haben. Auch dafür danke ich dir. Ich würde mich freuen, wenn unsere Freundschaft noch tiefer würde – wenn du magst.

Federico: „Es tut mir sehr leid, dass ich mich oft unfähig dazu fühle, und wenn du dann kommst, habe ich Angst und verhalte mich so, dass du wieder gehst. Wie gern würde ich mit dir reden können."

Gabriel: „Das versteh ich. Ich kann mir vorstellen, wie schwer es für dich sein muss, dich nicht unterhalten zu können. Lass es uns trotzdem probieren! Überwinden wir diese Barriere; ich freue mich über eine ehrliche Beziehung. Mach dir keine Probleme wegen heute."

Federico: „Ich mag dich."

Gabriel: „Ich dich auch."

DIE HOFFNUNG

4.4.2011

Hoffnung heißt: spüren, dass etwas besser werden kann. Die Liebe bringt in dem, der sich geliebt fühlt, Hoffnung hervor. Wenn du dich wirklich geliebt fühlst, öffnet das in deinem Herzen eine Perspektive der Hoffnung. Wenn dich keiner liebt, dann bist du verzweifelt.

Die Hoffnung der Christen besteht für mich darin, zu glauben und ganz tief zu spüren, dass die Liebe, die wir in die konkreten Situationen unseres Lebens einbringen, tatsächlich etwas zum Besseren wenden kann; denn lieben heißt teilnehmen am Leben Gottes. Die Liebe ist eine Gegenwart Gottes, die die Menschheit heilt.

DAS WESEN GOTTES

2.11.2011

Gott ist die Liebe. Diese Liebe konnte nicht im Innern seiner Familie, der Dreifaltigkeit, bleiben, sondern musste sich nach außen verschenken. Diese Liebe, die von Gott ausgegangen ist, hat den Kosmos, die Zeit, den Raum und den Gang der Evolution geschaffen, bis hin zum Menschen, der nach Gottes eigenem Bild gemacht ist.

Die Liebe erschafft alles, beseelt alles, erhält alles ...

Die Gute Nachricht will bei mir ankommen und mich einbeziehen.

Das Evangelium ist das, was Gott dem Menschen sagen wollte. Jesus inkarniert diese Botschaft, in ihm wird sie zu einer konkreten Person.

Das Evangelium bleibt, wenn du es nur mit dem Kopf liest, ein menschliches Buch ohne große Bedeutung; doch wenn du bereit bist, dein Herz zu öffnen, und dich ergreifen lässt, dann kann es beginnen, dein Leben zu verändern, sodass du ein besserer Mensch wirst.

MEIN PERSÖNLICHER PROPHET

16.11.2011

Der göttliche Prophet in meinem Leben war meine Familie; denn sie hat mich angenommen, wie ich bin: als Autist. Sie hat mich liebevoll unterstützt. Meine Familie hat geglaubt, dass die Liebe größer und stärker ist als die Sorge und Unruhe, die mit dem Autismus verbunden ist. Jetzt glaube ich, dass die Liebe die größte Dimension des Lebens ist, weil ich es am eigenen Leib erfahren habe. Heute staunen die Ärzte über meine Fortschritte; ich weiß, dass die Liebe eine heilende Kraft hat und vor allem für die Hoffnung öffnet.

„MALEN WIR EIN BILD VOM REICH GOTTES"

30.11.2011

Das Reich Gottes kann ich nicht malen. Wenn ich ein Künstler wäre, würde ich ein großes Licht malen, das viele Menschen umleuchtet, Männer, Frauen, große und kleine Kinder, und das den Lauf ihres Lebens verändert. Vorher war alles fest gefügt, ein immer gleiches Leben mit unabänderlichen Fehlern und Schwächen. Vor allem herrschte ein Egoismus voll trauriger Einsamkeit. Dann ist es hell geworden; die Menschen merken: Da ist etwas ganz Neues und Schönes. Sie setzen sich in Bewegung und machen sich auf die Suche; denn sie wollen wissen, woher dieses Licht kommt. Und sie entdecken, dass Gott die Liebe ist. Sie merken, dass sie Brüder und Schwestern sind; sie spüren: Der Weg zu einem realisierten Leben beginnt da, wo sich jemand im gegenwärtigen Augenblick verschenkt.

Der Mensch ist erst mal egoistisch; er fühlt sich als der Mittelpunkt seiner Welt. Er meint, sein Glück zu erreichen, indem er sich behauptet und über andere dominiert. Doch das stimmt nicht. Wenn Gott diesem Menschen begegnet, sagt er zu ihm: „Ich liebe dich, komm auch du und fang an zu lieben; sei ein Geschenk für die anderen." Umkehr bedeutet meiner Meinung nach: sich entscheiden, den eigenen Egoismus aufzugeben und ein Geschenk zu sein. An den Weg glauben, den Gott dem Menschen vorschlägt.

DAS GESETZ

Ich glaube, dass es Gott traurig macht, dass keiner sich nach dem Warum seiner Gesetze fragt. Wir müssen das Herz Gottes suchen und dürfen keine Marionetten werden, die bloß Befehle ausführen.

Die Liebe zu Gott und zum Nächsten sind die erste Regel, die lebendige Seele aller anderen Regeln.

Zu meinen, es sei alles in Ordnung, wenn man die Regeln einhält, ist ein Trugschluss; es ist eine Folge der Angst, sich innerlich anrühren und im Herzen verändern zu lassen. Man denkt, sich retten zu können, ohne sich wirklich, tief drinnen zu verändern. Wenn dagegen mein Herz sich ändert, indem ich mich für Gott öffne, hat das zur Folge, dass sich auch mein Verhalten ändert; es wird mir von selbst ein Bedürfnis, die Regeln der Gerechtigkeit zu respektieren.

DAS MENÜ MEINER WÜNSCHE

Vorspeise: Befreiung vom Autismus (reden können, sein wie ihr).
Erster Gang: Überwindung der Beklemmung und Angst (nicht meinen Freunden sagen, „wer böse ist").
Zweiter Gang: Mich frei bewegen (mich auf verschiedene Situationen einlassen, Leute sehen, Dreh- und Angelpunkt sein wie meine Schwester).
Beilagen: Das Leben aufsaugen und es in seiner Tiefe verstehen.
Dessert: Euch verständlich machen können, dass ich euch gern habe. Nicht mehr so ungeschickt und unverständlich sein, sondern frei, locker und klar.

WORTE AUS DEM GLAUBENSBEKENNTNIS

7.11.2012

Ich glaube. Ich sage ja dazu, dass mein Leben nicht starr ist, sondern dass in meinem Herzen ein „Sauerteig" ist, der mein Leben tagtäglich „aufgehen lässt" und verändert.

Vater. Gott will nicht von mir absehen. Er will nicht unabhängig von uns Gott sein. Wir glauben an einen Gott in Beziehung zu uns.

Allmächtiger. Nichts ist für die Liebe unmöglich. Wer liebt, produziert Antworten.
Gott liebt nicht alle auf dieselbe Weise, sondern jeden nach seinen jeweiligen Besonderheiten. Die Liebe ebnet nicht ein und führt nicht zur Vermassung. Sie liebt jeden ganz intensiv und unabhängig von seinen Verdiensten, sonst wäre sie keine Liebe.

Schöpfer. Die Liebe ist vielleicht fortwährende Schöpfung, sie kann nicht unfruchtbar sein.

MEIN LEBEN UND DAS LICHT JESU

28.11.2012

Inwieweit bin ich von dem Licht erfüllt, das von Jesus kommt? Schwer zu sagen; ich bin so begrenzt. Ich kann nicht mal reden. Aber das Wenige, das ich kann, zum Beispiel tiefe Gedanken notieren, kann ein Dienst an meinen Freunden sein. Mein Licht ist winzig, aber ich glaube, dass darin etwas vom Licht Jesu aufscheinen kann ... Ich merke, wie es hell wird in mir, wenn ich etwas von mir schenke. Sonst gar nicht.

Ich weiß nicht, ob ich imstande bin, wirklich für sein Licht offen zu sein. Angst vor dem Dunkel habe ich nicht; ich möchte da hineingehen und das Dunkel erhellen.

MEIN SCHWEIGEN

6.2.2013

Ich will im Schweigen leben wie Gott. Mein Autismus soll zu einer Leere werden, die danach verlangt, von der Gegenwart Gottes erfüllt zu werden.

Was es heißt, leer zu sein, habe ich schon als Kind erlebt, als ich ganz in meinem Autismus eingeschlossen war; ich war wie ein Gefangener; das Einzige, was ich gespürt habe, war die Liebe der Menschen neben mir.

Gott soll kommen und meine Einsamkeit erfüllen.

IN BOSE

Zum ersten Mal war ich mit meinen Freunden aus der Pfarrei im August 2012 in der monastischen Kommunität von Bose. Miriam aus Prato wollte mit mir in einen Gedankenaustausch kommen. Hier die Notizen:

Miriam: „Ich wollte dich treffen, weil ich einen kleinen Traum habe. Ich arbeite in einem Zentrum für junge Leute mit verschiedenen Schwierigkeiten, auch mit Autisten. Ich dachte, vielleicht kannst du mir einige Tipps geben, da du es geschafft hast zu kommunizieren. Ich träume davon, etwas *mit* den Jugendlichen zu machen und nicht nur *für* sie. Ich will ja nicht bloß etwas für sie tun, sondern ich freue mich immer, wenn wir gegenseitig mehr an unserem Leben teilhaben. Fehlt dir eigentlich etwas, um glücklich zu sein?"

Federico: „Ich würde gern sprechen können und alles sagen, was ich in mir habe. Es ist hart, nicht reden zu können. Und dann möchte ich lernen, das, was die anderen tun, auch zu tun, ohne Hilfe, so wie sie. Ich möchte ein Mädchen finden, das Autistin ist, damit wir uns verstehen können, ohne zu reden."

Miriam: „Deine Grenzen kennst du jedenfalls gut (vielleicht besser, als wir unsere kennen!). Glaubst du, dass du manche Hindernisse in einer geeigneten Umgebung leichter überwinden könntest? Ich denke zum Beispiel an die Arbeit, an eine sportliche Aktivität, an Freunde ... Hast du da schon Erfahrungen gesammelt?

Federico: „Für junge Leute wie mich, die mit bestimmten Grenzen oder Behinderungen leben, ist alles gut, was der Normalität näher kommt. Wir brauchen Erfahrungen eines normalen Lebens, gerade da, wo es schwierig für uns ist. Was gar nicht geht, ist ein Leben im Ghetto. Wenn andere Menschen mich lieben, wie ich bin, bekomme ich Mut und Hoffnung; sonst denke ich, dass ich nie ein normales Leben führen werde, und das macht mir schwer zu schaffen. Hoffnung, das ist eine realistische Zukunftsperspektive.

Nur ein anderer kann die Hoffnung im Herzen eines Menschen entzünden; niemand kann sich selber Hoffnung machen."

Miriam: „Kannst du mir sagen, wie du deinen Weg zum Glauben gefunden hast? Viele in deiner Lage wollen von Gott nichts hören ..."

Federico: „Ich habe meine Geschwister und meine Eltern erlebt, und da wurde in mir der Wunsch wach, mich auf den gleichen Weg zu machen wie sie: lieben zu lernen. Wie kann man den Glauben weitergeben? Indem man liebt. Den Rest wird Gott schon machen. Ich glaube, es ist nicht deine Aufgabe, in einem Menschen den Glauben zu wecken. Jesus ist im Himmel, hier unten hat er Miriam hingestellt. Du kannst seine Liebe, seine Arme sein."

Miriam: „Du sprichst vom Wunsch nach Normalität; das heißt, du willst dich zugehörig fühlen? Fühlst du dich eigentlich ausgegrenzt?"

Federico: „Ja, ganz konkret dadurch, dass ich nicht reden kann, dass ich es nicht hinkriege, einen Ausflug mit den Freunden zu organisieren – und vieles andere auch nicht. Aber jeden Tag kann ich einen kleinen Schritt nach vorn machen, wenn ich spüre, dass jemand mich liebt. Auch der Austausch jetzt mit dir ist für mich ein Sieg über den Autismus."

Miriam: „Hast du das Gefühl, anderen zur Last zu fallen?"

Federico: „Manchmal schon, aber ich weiß, dass ich in der Sicht Gottes ein Geschenk für andere sein kann. Ich hoffe, dass ich es jetzt für dich sein konnte. Du bist jedenfalls für mich ein Geschenk gewesen!"

Dann kamen Chiara und Federica zu mir.

Federica: „Wir wollten dir sagen, dass wir total beeindruckt waren von den tiefen Fragen, die du gestern gestellt hast. Ich wusste nicht, dass sich ein Autist, der sich mündlich kaum äußern kann, so klar ausdrücken kann. Was du eingebracht hast, war echt interessant!"

Federico: „Das freut mich. Ich möchte, dass die Kirche ein Haus ist, in dem alle Ausgestoßenen der Erde willkommen sind und selbst zu Protagonisten werden. Auch die Verrückten, die Verkrüppelten, die Blinden, die Armen, die Ausländer. Alle weiß und schön – das ist Nazi-Ideologie!"

Federica: „Gefällt dir Bose? Warum bist du eigentlich hierher gekommen?"

Federico: „Ja, es gefällt mir hier. Ich finde es toll, dass ihr mit mir sprechen wollt. Ich bin hierher gekommen, weil ich bei meinen Freunden sein wollte. Hier spüre ich Frieden, ich fühle mich mit drin und ich spüre eine Verbindung mit Gott. Gott ähnelt mir, weil auch er nichts sagt. Mit ihm unterhält man sich über die Gefühle des Herzens."

Federica: „Was macht dich eigentlich so richtig wütend? Und was so richtig froh?"

Federico: „In Wut gerate ich, wenn man mich als blöden Behinderten behandelt. Glücklich bin ich, wenn man mir auf Augenhöhe begegnet; dann spüre ich, dass auch ich wirklich *leben* kann."

Um die Jahreswende 2013/14 bin ich mit meinem Vater und mit Valentina und Gabriel, mit denen ich befreundet bin, wieder nach Bose gekommen, diesmal zu einem Treffen für junge Leute unter dem Motto: „Die Zukunft erfinden". Hier die wichtigsten Beiträge, die ich dort geschrieben habe.

Ich glaube, Zukunft entsteht vor allem da, wo wir von Gott lernen zu lieben. Wer nicht liebt, der hat nur wenige sterile Beziehungen, die nichts bringen. Er führt im Grunde ein starres Leben und ist auch nicht wirklich bei sich. Wer liebt, und lieben heißt ganz konkret dienen, schafft immer neue Möglichkeiten.

Ich habe das in meinem Leben erfahren. Viele Autisten verbringen einen großen Teil ihres Lebens untätig allein in ihrem Zimmer. Durch die Liebe, die mich umgeben hat, habe ich entdeckt, dass ich schreiben kann, dass ich an Gott glaube, dass ich in unserer Pfarrei mitmachen kann. Was ich geschrieben habe, hat anderen gefallen; ich habe Menschen kennengelernt, durch die ich dann wieder andere kennengelernt habe. Und jetzt bin ich hier und kann diese Erfahrung mit euch machen. Ich habe sogar angefangen, ein Buch zu schreiben.

Echte Beziehungen bringen wieder neue echte Beziehungen hervor; eine Gelegenheit ergibt die nächste. Wenn wir aufhören zu lieben, dann erstarrt alles; wenn wir aber weiter lieben, dann merken wir, dass wir erst am Anfang sind. Dann bringt uns das Leben noch viele überraschende Möglichkeiten. Die Sache hat aber einen Haken: Es kommt nicht so, wie wir es uns erhofft haben. Es kommt viel, viel besser. Aber anders, es geht in ganz andere Richtungen, als wir gedacht hatten."

Wie wichtig es für einen selbst ist, vergeben zu können.
Jesus bietet uns seine Vergebung an. Die Ehebrecherin ist offen für ihn. Sie hätte ihn auch abweisen können und ihren Mann weiter betrügen können.

Ich glaube, wir sollten immer bereit sein zu vergeben. Die Vergebung muss in meinem Herzen geschehen. Wenn ich sie dem anderen anbiete, ist es seine Sache, was er damit macht.

Es ist kein Widerspruch, sich vor dem Bösen zu schützen und dem anderen die Vergebung anzubieten.

Ich wurde gebeten, einen Gedanken zum Abschluss des letzten gemeinsamen Abends und der ganzen Zusammenkunft zu schreiben.

Liebe Freundinnen und Freunde,

ich bin glücklich. Glücklich trotz der langen Rückreise morgen nach Rom, trotz der Mühe, als Autist hier die meiste Zeit still zu sein und jemandem zuhören zu müssen, der spricht, trotz der theologischen Meinungsverschiedenheiten mit den Mönchen: Ich glaube an die Pasta, sie glauben, dass eine Suppe besser ist.

Glücklich bin ich vor allem, dass ich hier ganz normal mit anderen jungen Menschen mitleben konnte. Für euch ist das nichts Besonderes, für mich als Autist ist das eine große Sache, eine regelrechte Eroberung. Glücklich bin ich darüber, dass ich euch kennengelernt habe und dass viele von euch durch mich etwas von der Welt eines Autisten kennengelernt haben. Glücklich bin ich, dass wir zusammen erlebt haben, dass es möglich ist, jemand wie mich mit all seinen Limits wunderbar zu integrieren. Glücklich bin ich, dass ich viel beten konnte und Gott so nah gespürt habe. Glücklich bin ich, dass ich mit meinen Reflexionen als Autist einen Beitrag geben konnte – mit Reflexionen, die mir sonnenklar scheinen, die ihr aber sehr wertgeschätzt habt.

Was soll ich zum Schluss sagen? Mit welchem Leitgedanken können wir uns morgen wieder auf den Weg machen? Mein Vorschlag: „Die Liebe gilt entweder allen, oder sie ist keine Liebe." Wenn ich die ganze Menschheit lieben will, aber einen bestimmten Mensch nicht, dann wäre das keine Liebe. Vielleicht wäre es etwas, was ich für mein psychisches oder existenzielles Gleichgewicht brauche; doch dann liebe ich nicht, sondern ich schütze mich. Ich würde vorschlagen, dass wir versuchen sollten, von morgen an all diejenigen zu lieben, denen wir begegnen, auch die Bettler und Obdachlosen, die Behinderten, die einen irgendwie beunruhigen oder die so anstrengend sind wie ich. Den AC-Mailand-Fans empfehle ich, auch die Inter-Fans zu lieben und umgekehrt.

Ich möchte noch etwas sagen. Geht dahin, wo die Menschheit am abstoßendsten ist. Bringt mit der jeweils gebotenen Klugheit eure Liebe dorthin und stellt euch in den Dienst dieser Menschen. Und nehmt die Unsympathischen als Messlatte eurer Liebe.

Ich, der ich oft genug wie ein Irrer, wie ein Verrückter behandelt worden bin, den man nur bemitleiden kann, kann euch sagen, dass ihr euch nicht vorstellen könnt, wie gut einem auch nur das kleinste Willkommenszeichen und Zeichen der Wertschätzung tut.

Ich wünsche euch, dass ihr in jedem Ausgeschlossenen und Ausgegrenzten einen großen Schatz entdeckt.

Danke für die Liebe, mit der ihr mir begegnet seid. Das hat mich einmal mehr davon überzeugt, dass auch ich in dieser Welt eine Rolle spielen kann. Ich sehe durch euch wieder ein Stück mehr Zukunft vor mir, und ich hoffe, dass ihr durch mich auch in eurer Hoffnung bestärkt werden konntet.

Wir sind hierher gekommen wie viele trockene Weizenkörner. Jeder für sich. In diesen fünf Tagen sind wir durch die gemeinsame Erfahrung durchgearbeitet und verbunden worden. Unser Leben ist wie ein einziger Laib Brot. Es ist unmöglich, die Einheit und Freude unter uns nicht zu spüren, ja es ist wie ein Stück vom Himmel, in dem wir für immer wohnen werden. Jetzt sollten wir die Anker und die Stricke, die uns noch halten, lösen, um loszusegeln und nur zu lieben.

ÜBER DIE WEISHEIT
Meine erste längere Reflexion über ein religiöses Thema

Weisheit ist die Art und Weise, wie Gott die Welt, die Dinge und Menschen sieht. Gott betrachtet immer alles mit dem Blick der Liebe. Und in seiner Liebe sieht er alles anders, obwohl er dieselben Dinge sieht wie wir.

Das Evangelium erzählt von einem Gelähmten. Wir sehen einen Kranken, der darauf wartet, geheilt zu werden. Jesus aber schaut ihn an und sagt: „Deine Sünden sind dir vergeben." Ich glaube, dass Jesus eine innere Not viel intensiver wahrnimmt als einen physischen Mangel.

Der Unterschied zwischen dem Blick der Menschen und dem Blick Gottes ist offenkundig. Der Mensch ist in seiner Subjektivität gefangen; er hat seinen eigenen Blickwinkel, sowohl physisch (er sieht alles von einem Punkt aus: aus der Perspektive seiner Augen) als auch in existenzieller Hinsicht: aus der Perspektive der Erfahrungen, die er selbst gemacht hat, was sein Urteilsvermögen weitet und zugleich einschränkt.

Ich denke, dass Gott uns selbstlos betrachtet, losgelöst von seinem Selbst, seinem göttlichen Sein. Der Blick Gottes ist meines Erachtens völlig frei von aller Selbstbetrachtung, ganz ausgerichtet auf das Beobachtete: auf das in Liebe Betrachtete.

Ich bin der Meinung, dass in Gott Betrachten und Lieben ein und dasselbe sind. Sein Betrachten ist nie selbstbezogen, in Relation auf das göttliche Selbst, es hat nichts von einem wertenden, urteilenden Blick, sondern ist immer ganz dem anderen zugewandt. Ich glaube, dass Gott – und da unterscheidet er sich von all unserem Wissen – als Einziger die Wirklichkeit als das sieht, was diese ist. Wir Menschen hingegen haben eine drastisch eingeschränkte Wahrnehmung, weil wir immer unser beobachtendes Selbst hineinprojizieren in das Beobachtete.

Die Wirkung dieser göttlichen Art zu sehen ist, dass er dem, was er sieht, das Leben schenkt, wie es zuerst in der Schöpfung und dann in der Heilsgeschichte geschieht. Wir dürfen uns nicht vom westlichen Denken konditionieren lassen und uns die Weisheit als eine Art höchster Erkenntnis vorstellen, so wie ein fehlerloses, grenzenloses menschliches Schauen.

Ein Mensch, der sich für einen Augenblick ganz für Gott öffnet, empfängt einen Krumen Weisheit, er wird fähig, Dinge und Menschen, die ihm begegnen, zum Aufblühen zu bringen.

Woran erkennt man also einen weisen Menschen? Wenn er kommt, schaut, spricht, handelt, dann fühlt sich jeder verstanden, auch die gegensätzlichsten Personen, der, der streng logisch denkt, und der, der intuitiv vorgeht, beide fühlen sich verstanden. Es wird die Voraussetzung geschaffen, dass sich jeder wertgeschätzt und gefördert fühlt, und das Konzept der Masse verschwindet: Der Einzelne kommt in den Blick.

Die Fehler der einzelnen Anwesenden treten nicht mehr so zutage, und der Wunsch, sich für das Gute einzusetzen, wächst: Weil der Weise in seinem Schauen auf die anderen nicht sich selber in diese hineinprojiziert, kann er, frei von sich, in den anderen – Dingen und Menschen – erkennen, was sie an Gutem in sich tragen und dabei sind zu entfalten, und er hilft mit, dass das Gute wachsen kann.

Menschen ohne Weisheit möchten die ganze Welt nach ihrem eigenen Bild modellieren, zunächst in der Weise, wie sie sie sehen und beurteilen, und dann durch ihr Agieren. In ihrem Egozentrismus begreifen sie nicht, dass der unendliche Reichtum und die Mannigfaltigkeit des Universums nicht auf die Begrenztheit eines Menschen reduziert werden kann.

Alle wirklich Großen in der Menschheitsgeschichte verbindet die Fähigkeit, fast in einer Art Selbstvergessenheit über sich und ihre eigene Kultur hinauszugehen.

Kurz, weise ist, wer der Falle, der optischen Täuschung des Egozentrismus entgeht und sich auf den langen, schwierigen Weg macht, diesen zu überwinden, um mehr und mehr eine Sicht der

Liebe zu gewinnen, in der sich die geliebte Wirklichkeit voll und ganz wiederfindet.

Ich glaube, dass der heilige Franz von Assisi deshalb sagen konnte: „Schwester Sonne, Bruder Mond ..." Es sind nicht mehr bloße Himmelskörper, die ich mit meinem Verstand untersuchen kann, womit ich implizit den beobachtenden (aktiven) Geist über das (passive) beobachtete Objekt stelle, sondern sie sind für Franziskus geliebte Geschwister. Es ist, als würde nicht mehr sein Ich lieben, sondern ein in der Liebe überwundenes Ich. Und die Liebe schafft Geschwisterlichkeit. Sie kann auch nicht bei den Menschen stehen bleiben, sondern fließt unaufhaltsam über auf jede Dimension des Geschaffenen.

Das Ziel, auf das der Weg des Weisen zuführt, ist die Befreiung vom schlimmsten aller Folterknechte, das heißt vom eigenen Ego, um eine neue Wirklichkeit zu werden und Geschenk für alle zu sein. Wie Franziskus sogar den eigenen Tod „Bruder" nennen zu können, ist der leuchtende Höhepunkt. Es ist das Freiwerden vom unwillkürlichen Überleben-Wollen, von allem Irdischen, von unserem Leib, von der Materie. Frei. Wenn wir von allem frei sind, kann es uns auch wieder neu geschenkt werden, aber verwandelt, nicht mehr begrenzt, sondern als Gelegenheit zur Konkretion.

Eine letzte Frage bleibt: Wie kann man diese Weisheit erlangen? Der erste Schritt scheint mir die *Überzeugung* zu sein, dass jeder Mensch einen Weg zurücklegen muss, auf dem er die engen Grenzen seiner Selbstzentriertheit überwindet. Sodann kommt es darauf an, dass wir uns an Gott wenden und ihn um die Weisheit *bitten*, die den Dingen, Menschen und Situationen ihren richtigen Platz gibt und uns reifen lässt. Und schließlich müssen wir uns nach dieser Weisheit sehnen: Wir müssen den *Wunsch* haben, die Dinge so zu sehen, wie Gott, der die Liebe ist, sie sieht.

Die Weisheit ist der Blick Gottes, der das, was er anschaut, neu aufleben lässt. Die richtige intellektuelle Unterscheidung ergibt sich dann wie von selbst.

ÜBER DEN SCHMERZ, GESEHEN IM ZUSAMMEN-HANG MIT ZWEI WORTEN JESU

„Mein Gott, mein Gott, warum hast du mich verlassen?"
(Mk 15,34)

„Vater, in deine Hände lege ich meinen Geist."
(Lk 23,46)

Ein Blick ins Tierreich zeigt, dass die am meisten entwickelten Säugetiere wie die Primaten uns in vielem ähnlich sind, während wir uns in vielem anderen radikal von ihnen unterscheiden. Unter den Dingen, die uns von allen anderen Lebewesen unterscheiden, scheint mir unser Hang, in verschiedene Formen inneren Schmerzes hineinzugeraten, besonders augenfällig. Klar, wir können nicht in die Tiere hineinschlüpfen, um zu wissen, was *sie* fühlen, aber wenn wir sie beobachten, scheinen sie viel mehr als wir einfach so zu leben, wie es sich ergibt, ohne viel Begeisterung oder große Dramen; sie folgen dem vorgegebenen Gleis des Instinkts, dessen beide Schienen der Überlebens- und der Fortpflanzungstrieb sind.

Dagegen haben wir Menschen tiefe, mächtige, unauslöschliche Bedürfnisse. Wir sehnen uns zum Beispiel nach reiner Freude, nach dem absoluten Glück, das sich nur in seltenen Momenten des Lebens erreichen lässt, um im nächsten Augenblick gleich wieder zu entschwinden. Wir wollen auf verrückte Weise lieben und genauso geliebt werden. Wir wollen, dass man unsere Einzigartigkeit anerkennt und dass wir etwas zustande bringen, das über den Tod hinaus fortbesteht – Zeichen, dass wir uns in einem Horizont bewegen, der seltsamerweise weiter reicht als der biologische. Man könnte weitere Beispiele nennen, aber ich glaube nicht, dass sie viel Neues brächten.

Der Mensch ist ein merkwürdiger Säuger: Er hat den Überlebenstrieb so eingesetzt, dass er die durchschnittliche Lebensdauer verdoppelt hat, und den Fortpflanzungstrieb so, dass er die ganze Erde bevölkert und die natürlichen Ressourcen gefährdet. Bei all diesem enormen biologischen Fortschritt aber erscheint der Mensch dennoch als dasjenige Lebewesen, das mehr als alle dazu neigt, innerlich unglücklich zu sein.

Es gibt also im Menschenherzen ein Geheimnis, das nur darauf wartet, untersucht zu werden.

In der Bibel steht, dass der Mensch nach dem Bild und Gleichnis Gottes geschaffen wurde. In den verschiedenen Phasen der Erdgeschichte und des Lebens auf unserem Planeten, die in der Bibel bildlich in der Erzählung von der sechstägigen Arbeit des Schöpfers geschildert werden [vgl. Gen 1,1–31], hat dieser die verschiedenen Entwicklungsprozesse in seiner Liebe gelenkt und begleitet. Mir gefällt der Gedanke, dass Gott die Liebe ist [vgl. 1 Joh 4,18], dass seine Arbeit im Lieben besteht, d. h. dass er Sorge trägt für die Welt und das Leben auf der Erde.

Ich denke, dass Gott in einem entscheidenden Moment eingegriffen hat: beim Auftauchen der menschlichen Spezies. Die Bibel sagt, dass Gott dem Menschen seinen Atem eingehaucht hat [Gen 2,7], d. h. er hat uns eine höhere Dimension geschenkt: Ihm ähnlich, nach seinem Bild sind wir geschaffen. Unserer irdischen Existenz hat er ein inneres, spirituelles Leben „eingehaucht", wirkliches, ewiges Leben, das nicht mehr den Gesetzen der Materie unterliegt, dessen letztes und definitives das Sterben-Müssen ist. Zugleich hat er uns eine besondere Aufgabe in seiner Schöpfung gegeben und uns zu seinem bevorzugten Gesprächspartner gemacht. Wir sind sein Gegenüber, sein „Du"; aus Liebe hat er sich die Beziehung zum Menschen zu einem Bedürfnis gemacht, und in der ganzen Heilsgeschichte hat er diese Beziehung gesucht. Und ebenso haben wir Menschen ein tiefes Bedürfnis nach einer Beziehung mit Gott.

All unsere tiefen Bedürfnisse, die ich am Anfang erwähnt habe, sind nicht anderes als eine Widerspiegelung, ein Echo des Bedürfnisses nach einer Beziehung zu Gott. Wenn wir in ihm sein werden, dann wird uns seine unendliche Liebe das volle Glück schenken, nach dem wir uns sehnen; unsere Sehnsucht, zu lieben und geliebt zu werden, wird erfüllt sein, und jeder von uns wird in seiner Einzigartigkeit unendlich wertgeschätzt werden.

Unsere tiefen Bedürfnisse sind also eine Art „präventiver Sehnsucht", die Sehnsucht nach einem Himmel, für den wir geschaffen sind, den wir aber noch nicht erreicht haben.

Hier aber kommt eines der größten Geheimnisse ins Spiel: das Mysterium des Bösen, das unseren Blick durch die Versuchung verstellen kann, eine Art spiritueller optischer Täuschung, die uns ein Gut da vorspiegelt, wo es nicht ist. Adam, Symbol von uns allen, hat bei sich beschlossen, die Kenntnis von Gut und Böse in sich selber zu suchen und Gott den Rücken zuzukehren. Statt Gott nach dem Grund des Verbots zu fragen und im Kontext der Beziehung Mensch-Gott zu handeln, wollte er sich selbst behaupten und hat eigenmächtig entschieden.

Diese schmerzliche Geschichte wiederholt sich jeden Tag. Viele Menschen stellen sich ins Zentrum des Universums, leben in der existenziellen optischen Täuschung, ihre tiefen Bedürfnisse selber befriedigen zu können, indem sie Macht und Erfolg suchen. Doch so manövrieren sie sich selbst in eine ständige tiefe Unzufriedenheit hinein ...

Bloß das Böse zu vermeiden, könnte noch zu wenig sein. Viele gute Leute haben einen rein irdischen Horizont und meinen, ihr Glück in der irdischen Liebe zu finden, wobei sie Gott den Rücken zuwenden. Für Gott ist in ihrem Leben kein Platz; sie meinen, ihr Glück in einer Beziehung zu einem Partner, in der Familie, im Dasein für die Kinder oder in einem tollen Beruf zu finden. Wie der verlorene Sohn im Evangelium, bitten sie Gott, den Vater, um ihren Anteil am Erbe bzw. um ihr Leben hier auf Erden, machen sich fort und leben fern von Gott. Auch sie verlieren sich in gewisser Weise, aus zwei Gründen. Erstens, weil die Allerwenigsten im Leben das bekommen, was sie wollten, und diejenigen, die es bekommen, merken dann, dass es ganz anders ist, als sie es sich vorgestellt hatten. Und zweitens sind unsere tiefen Bedürfnisse im Grunde ein Verlangen nach Gott. Nichts auf der Welt kann sie ganz stillen; das Leben läuft uns davon, alles vergeht, und am Ende finden wir uns entweder bei Gott wieder oder wir finden nichts. Wenn der Horizont unserer Verwirklichung sich auf dieses Leben hier beschränkt, heißt das, dass wir in einer Zeit leben, die jeden Tag kürzer wird, und am Ende des Lebens, im fortgeschrittenen Alter, ist nichts mehr übrig.

Der tiefe Sinn menschlicher Existenz ist die Suche nach der Beziehung zu Gott, die so schwer zu finden und doch für jeden von uns unverzichtbar ist. Wir können diese Stimme in unserem Herzen nicht unterdrücken, die uns sagt, dass wir nicht dafür gemacht sind, unser Leben im Staub, im Nichts enden zu lassen.

Der schönste, der klarste Ausdruck menschlichsten Leids findet sich in Jesus, der kurz vor seinem Tod seine Verlassenheit vom Vater herausschreit. Es ist der Höhepunkt und die Erfüllung der Inkarnation des Logos. Obwohl Jesus nicht gesündigt hat, erfährt er diesen tiefen Schmerz, die Verbindung mit Gott, dem Vater, nicht mehr zu spüren. Jesus ist der Einzige, der begriffen hat, worunter er und wir so leiden – unter dieser Trennung, die im Grunde der Schmerz aller Menschen ist: nicht mehr die liebevolle Umarmung Gottes zu spüren.

Gott aber sucht das verlorene Schaf, um es nach Hause zu tragen: zu sich, in die dreifaltige Liebe, unser wirkliches Zuhause.

Als Jesus begreift, worin der Schmerz im Tiefsten besteht, tut er das Einzige, was er tun konnte: Er gibt sich Gott in die Hand. Er weiß ja, dass nichts auf der Welt, nichts Böses und nichts Gutes, in dieser Situation eine Antwort sein kann.

Was können wir also tun?

Wir sind alle wie der verlorene Sohn. Wir haben wohl alle in unserem Leben irgendetwas Gutem oder Bösem, das nicht Gott ist, den ersten Platz gegeben. Geben wir uns nicht länger irgendwelchen Illusionen hin. Überzeugen wir uns davon, dass nur die Suche nach Gott uns im Leben glücklich machen kann, und lassen wir zu, dass er unser Tun, unser Lieben und alles, was Spaß und Freude macht, richtig „sortiert" und ordnet. Er kann es, wir bekämen das nicht so hin.

Und wenn uns ein Schmerz trifft, geben wir uns in Gottes gute Hände.

MARIA, MUTTER DER MENSCHEN – WIR, IHRE KINDER

> „Frau, siehe, dein Sohn!" ... „Siehe, deine Mutter!"
> (Joh 19,26f)

Meiner lieben Freundin Elisabeth

Mir gefällt der Gedanke, dass wir Gott nicht sehen können, weil dahinter seine ganz konkrete Liebe steckt. Gott hat uns das Leben und die Welt geschenkt, in der wir leben können; und er hat sich unseren Augen verborgen, sodass der, der es möchte, sein ganzes Leben lang in der Überzeugung verbringen kann, nichts von ihm zu wissen. In seiner grenzenlosen Liebe konnte Gott nicht anders, als unsere völlige Freiheit zu wollen, auch von ihm selbst und von seiner Liebe.

Sogar wenn ein Mensch anfängt, Gott zu suchen, scheint dieser im Allgemeinen zu zögern, sich im Herzen dieses Menschen zu zeigen. Die Suche nach einer Beziehung zu Gott (im Gebet, in den Sakramenten, in der kirchlichen Gemeinschaft) braucht Zeit und Durchhaltevermögen, bis Gott auch nur anfängt, sich zu zeigen. Er will wohl sicher sein, dass wir seine Präsenz in unserem Leben wirklich wollen, und wartet ab, ob es auch mehr ist als anfängliche Begeisterung.

Ich glaube, dass man von einer liebevollen Zurückhaltung Gottes sprechen könnte, die ihren Grund darin hat, dass er unsere

Freiheit aufs Höchste achtet und liebt. Er begleitet uns mit seinem liebevollen Blick und wartet darauf, dass unsere Sehnsucht nach ihm geradezu gewaltsam den Schleier seiner Zurückhaltung zerreißt. Gott lieben kann kein Hobby sein. Gott, so scheint mir, wartet darauf, dass wir ihn mit ganzem Herzen und aller Kraft suchen, ja mit dem Zorn einer des Wartens müden, enttäuschten Liebe, wovon in der Bibel auch die Rede ist. Diese Zurückhaltung Gottes, so meine ich, ist der richtige Ausgangspunkt, um über Maria nachzudenken.

Die Welt litt unter der Sünde, und als Gott in die von ihm geschaffene Welt kommen wollte, die er uns Menschen anvertraut hatte, hat er – wie es seiner Liebe entspricht – beschlossen, um Erlaubnis zu fragen. Und passend zu seiner Liebe hat er nicht die um ihr Einverständnis gebeten, die nach den Maßstäben der Welt die Größten sind, sondern ein ganz einfaches, bescheidenes Geschöpf, ein Mädchen vom Land, aus einer unbedeutenden Region.

Er hat Maria, so ihr Name, mit einem einzigartigen Geschenk bedacht; die Tradition der katholischen Kirche spricht von der „unbefleckten Empfängnis", das heißt, Maria wurde ohne Erbsünde empfangen ... In uns steckt der tiefe Impuls, der Erste zu sein, im Mittelpunkt zu stehen – Impulse, die im Widerspruch zur Liebe stehen, denn Lieben heißt, Gott anzubeten und den Schwestern und Brüdern zu dienen. Selbst wenn wir Gott unser Ja gegeben haben, gelingt es uns darum nicht, diesem Ja ganz treu zu sein. Maria, so scheint mir, hat von Gott das Geschenk der völligen Freiheit bekommen, im Unterschied zu uns auch in der Weise, dass sie ihrem Ja zu Gott schon auf Erden immer treu sein konnte; bei uns wird das erst nach der Auferstehung der Fall sein. Gott hat Maria, die mit Leib und Seele in den Himmel aufgenommen wurde, das Geschenk gemacht, als erstes Geschöpf jener durch Christus erneuerten Menschheit mit Gott einen neuen Himmel und eine neue Erde zu bewohnen.

Zurück zur irdischen Geschichte dieses einzigartigen Mädchens. Sie hatte eine klare Vorstellung von ihrem Leben: einen guten, gläubigen Mann heiraten, den Haushalt führen, Kinder großziehen. Doch in der Verkündigung hat Gott ihr einen beunruhigenden Plan präsentiert: Sie würde ohne einen Mann zu haben schwanger werden, womit sie in der damaligen Gesellschaft riskierte, ausgegrenzt, wenn nicht gar gesteinigt zu werden. Aber Maria wusste, dass Gottes Wege nicht unsere Wege sind. Noch kannte sie seine Wege nicht, aber sie vertraute ihm und sagte dem von Gott geschickten Engel ihr Ja. Sie bezeichnet sich als „Magd des Herrn" und sagt: „Mir geschehe, wie du es gesagt hast."

Dies ist eine erste Weise, wie wir in ihre Fußstapfen treten können: jeden Tag Gott unser Ja zu geben und uns einzulassen auf das, was er uns im Evangelium sagt. Und wenn wir Pläne für unser Leben haben und einiges davon schon realisieren konnten, sollten wir offen dafür sein, dass durch das Evangelium alles neu, erhellt, verändert wird. Das ist im Grunde dasselbe, was wir im Vaterunser erbitten: „Geheiligt werde dein Name", das heißt, so denke ich, Gott soll das Heiligste und Wichtigste in unserem Leben sein und alles, was wir sind und haben, erleuchten.

Gott hat auf Marias ungeteiltes, kraftvolles Ja mit dem Hundertfachen geantwortet, wie es der Logik des Evangeliums entspricht. Er lässt ihr Herz buchstäblich vibrieren; das Magnifikat ist eine Explosion der Freude, ein Loblied auf Gott und eine große Prophezeiung: Da sehen wir, was Gott aus unserem Herzen und aus unserem Leben machen kann, wenn wir ihm wirklich unser ungetrübtes, bedingungsloses Ja geben.

Jetzt möchte ich etwas über die Beziehung zwischen Jesus und Maria ausführen, wie sie in den Evangelien geschildert wird. Wenn man sie analysiert, könnte man sich wundern, mit welcher Härte Jesus seine Mutter behandelt. Mit Zwölf macht er sich aus dem Staub, bleibt bei den Gelehrten im Tempel und mutet seinen Eltern drei Tage voller Angst zu, bis sie ihn endlich gefunden haben. Was sie durchgemacht haben, hört man noch aus Marias Ausruf heraus: „Kind, warum hast du uns das angetan?! Dein Vater und ich haben dich voller Angst gesucht!"

Auch bei der Hochzeit in Kanaa gibt Jesus Maria eine unerwartet harte Antwort, als sie ihn indirekt bittet, etwas für das Brautpaar zu tun, das keinen Wein mehr hat.

Doch das Härteste, was Jesus Maria gesagt hat, ist meines Erachtens das, was er einmal in einem Gespräch mit anderen Leuten geäußert hat. Jemand hatte ihn darauf aufmerksam gemacht, dass seine Mutter und seine Verwandten ihn suchten; sie hielten es für selbstverständlich, dass sie ein Vorrecht gegenüber all den Unbekannten hätten, die sich um ihn drängten. Was Jesus erwidert, scheint mir von einer eindrucksvollen emotionalen Härte: Kurz und bündig bestreitet er als Erstes jedes Vorrecht seiner allernächsten Angehörigen, auch in affektiver Hinsicht, wenn er sagt: „Wer sind meine Mutter und meine Verwandten?" Und als wäre das noch nicht genug, setzt er noch eins obendrauf: Seine Mutter, seine Schwestern und Brüder seien all die, die den Willen Gottes tun. Mit einem Schlag wird Maria das genommen, worin sie ganz aufgegangen ist: Mutter Jesu zu sein.

Der rote Faden in diesen Episoden liegt, so meine ich, in der immer neuen Einladung Jesu an Maria, die besonderen Gaben, die sie von Gott bekommen hat, zu verlieren, um immer nur Liebe zu sein und sich zu schenken.

Der Gipfel ist unter dem Kreuz, als der sterbende Jesus Maria einlädt, Mutter der ganzen Menschheit zu werden: „Frau, siehe da: dein Sohn!", sagt er ihr im Blick auf Johannes. Und in der Person des Johannes lädt er die Gläubigen ein, Maria als ihre Mutter zu sich zu nehmen.

Ein Letztes möchte ich zum Schluss noch ergänzen. Wiekönnen wir Marias Beispiel folgen und der Welt Jesus schenken? Ein Satz Jesu scheint mir entscheidend: „Wo zwei oder drei in meinem Namen versammelt sind, da bin ich mitten unter ihnen" [vgl. Mt 18,20]. Ich glaube, dass sich das auf alle Lebenssituationen bezieht, in denen Menschen sich als eine Gemeinschaft begreifen können, auch in der Familie, in einer Freundschaft oder am Arbeitsplatz. Überall können sie im Namen Jesu zusammen sein, aber nur, so denke ich, wenn sie in der gegenseitigen Liebe leben. Das war ja die Botschaft, die Jesus der Welt gebracht hat und wofür er sein Leben gegeben hat. Wie glücklich können sich diese Leute schätzen, die so leben, die in aller Einfachheit und Demut füreinander da sind – wie Jesus, der seinen Aposteln die Füße gewaschen hat. Jesus hat diesen Menschen ein großartiges Versprechen gegeben. Er sagt nicht: „Ich bin ihnen nahe", was schon toll wäre. Er sagt: „Ich bin mitten unter ihnen." Was ist unter denen, die so zusammen sind? Unter ihnen herrscht die gegenseitige Liebe. Ist das nicht eine großartige Revolution? Die Philosophen der Vergangenheit haben Gott als höchstes Wesen gedacht, manche Religionen kennen so etwas wie einen personalen Gott. Wir glauben an einen dreieinen Gott: an drei göttliche Personen, deren Beziehung der Liebe so stark ist, dass sie ein einziger Gott sind. Gott ist diese Liebe, und wo unter den Menschen die Liebe ist, da ist er.

Maria nachahmen, das heißt also nicht nur, die anderen Menschen zu lieben, sondern Beziehungen gegenseitiger Liebe aufzubauen und zu bewahren. Ich glaube, dass Menschen, die ganz konkret *dafür* leben, eine Präsenz Gottes in der Welt ermöglichen; sie tun heute das, was Marias Aufgabe war. Dazu aber ist es nötig, dass unser Zusammensein kein anderes Ziel hat, als Gott zu loben und die anderen Menschen zu lieben, indem wir ihnen dienen; es können sich ja viele egozentrische Motive bei uns einschleichen.

Deshalb sollten wir Jesus um seine Hilfe bitten, uns ihm anvertrauen und überzeugt sein, dass wir ohne ihn nichts tun können. Jesus ist der Weg für uns: der Weg, den Maria uns geschenkt hat und den sie uns immer wieder zeigt.

ÜBER DIE KIRCHE

Ich denke, dass man die Kirche auf vielerlei Weise definieren kann, doch keine Definition bringt ihr Wesen und ihre Bedeutung ganz zum Ausdruck. Die Kirche ist Gottes Werk, und deshalb ist sie größer als der Horizont unserer menschlichen Erkenntnis und Sprache. Ich glaube, dass man loslassen und eine Dosis Geheimnis akzeptieren muss, auch wenn das schwerfällt. Unser westlicher Atheismus kann sich auch in der Weise bei uns einnisten, dass uns die Erkenntnis Gottes mehr bedeutet als Gott selbst. Das möchte ich vorausschicken.

Wenn wir die Kirche als Gemeinschaft derjenigen begreifen, die in der Nachfolge Jesu leben wollen, dann wird die Kirche den gleichen Weg zu gehen haben, den Jesus gegangen ist ...

Franziskus scheint mir der Papst des Verlierens zu sein: einer, der die ruhmreiche Rolle aufgibt, der sich und seiner Person keine Bedeutung beimisst, der als ein einfacher, demütiger Mensch auftritt. Mir scheint, dass er Autorität aufgibt, um eine Kraft und Vollmacht zu bekommen, die nur Gott einem geben kann.

Es ist ein weiterer Schritt auf das Ziel zu: nicht auf menschliche Gewissheiten bauen und alle weltliche Macht verlieren, um allein auf Gott zu vertrauen.

Dank

Ich möchte dieses Buch über meinen Autismus allen Menschen widmen, die mir von der frühesten Kindheit an geholfen haben, auch wenn es viel Mühe gekostet und kaum Befriedigung gebracht hat.

Dieses mein Buch, das mir die Möglichkeit gegeben hat, auszudrücken, was ich mit meiner Stimme nicht sagen kann, diese Erfüllung eines Traumes, widme ich vor allem meiner Mutter, die seit 20 Jahren unentwegt kämpft, und meinem Vater, der mich von Anfang an bei meinen Aktivitäten unterstützt hat und in mir ein Vertrauen geweckt hat, das dieses Projekt ermöglicht hat.

Ich widme es auch meinen Geschwistern Leonardo und Arianna, für ihr Dasein, und Tante Zia, die mir beim Lernen eine große Hilfe war, sowie Onkel Lucio, der viel für meine Erholung getan hat – mit Hilfe seines legendären Bootes.

Ich widme es auch dem Gedenken an meine beiden Großmütter Donatella und Maria, die mich sehr geliebt und unterstützt haben, als ich klein war, und dem an meine Großväter Vincenzo und Giovanni.

Ich widme es auch Patrizia vom Kindergarten, den Lehrerinnen und Lehrern der Grundschule, Ermanno, Ona und Donatella, sowie Dino, der mit mir an vielen langen Nachmittagen die Stadt erkundet hat. Ich widme es den Ärztinnen Flavia und Lucilla, und Marzia und Margherita, die mir als kleinem Jungen beim Lernen geholfen haben.

Ich widme es auch meinen fantastischen Freunden, meinen ehemaligen Klassenkameraden im Gymnasium Nomentano, den Mädchen und Jungs der Johannesbruderschaft meiner Pfarrei S. Frumenzio und den lieben Freunden vom Studentenwohnheim Villa Nazareth.

Es soll auch ein Geschenk für Federica sein, die für mich in der Oberstufe sehr wichtig war, wie für Marina, die mich fünf Jahre lang betreut hat, und für Iolanda, die mich in dem Zweijahreskurs so gut aufgenommen hat – ohne all die zu vergessen, die mich beim Lernen zu Hause unterstützt haben, wie Matteo, Giacomo, Marika und Alfredo, der mit mir in die Turnhalle gegangen ist, wo ich meine inneren Spannungen loswerden konnte.

Und schließlich ist dieses Buch auch Francesca gewidmet, die mir jahrelang am Computer geholfen hat und mir diese Tür geöffnet hat. Ich widme mein Buch euch allen, auch den vielen, die ich nicht nennen kann, weil es sonst zu viel würde. Ohne den manchmal mühsamen Einsatz von euch allen, ohne euer Dasein wäre ich heute vielleicht zurückgezogen in irgendeinem Zimmer, ohne Kontakte, weit weg von der Wirklichkeit, so wie es leider vielen Autisten ergeht.

Ich hoffe, dass euch dieses Buch gefällt. Es ist meine Weise, euch Danke zu sagen.

Ihr habt mein Leben gerettet und ich ... – ich hab euch einfach sehr gern.

Federico